シリーズ

人間科学

6

◎

越える・超える

岡部美香 編

大阪大学出版会

シリーズ人間科学 巻頭言

一九七二年に私たちの「人間科学部」が大阪大学に生まれました。私たちの人間科学部は、心理学、社会学、教育学を中心に、哲学、人類学、生理学、脳科学などの文系から理系までの幅広い学問分野が交り合いながら、「人そのものと、人が営む社会」の理解を深めるために生まれた学部です。一九七〇年に大阪大学の近くで、大阪万博が開催されましたが、その当時は、技術の進歩や好況な経済の中で日本が沸き立っている最中でした。人々の暮らしもどんどん豊かになり、社会の営みも変わっていきました。そのような中で、私たちは、人々の暮らしの現場に寄り添い、課題を発見し、解決を目指しながら、新しい学問領域の「人間科学」を育て始めました。

それから五〇年近く経過し、私たち大阪大学人間科学部・大学院人間科学研究科の研究者はそれぞれの専門性を深めると同時に、他の学問領域の視座も取り入れることで、人の心、身体、暮らし、社会、共生を探究しながら、それぞれが自らの「人間科学」を作り上げようとしています。多くの方々がその成果に触れられるように「シリーズ人間科学」を刊行することといたしました。そして、「シリーズ人間科学」は人間科学部設立当時からある「人間科学とは何ですか?」という疑問への現時点における私たちからの回答の一つです。

「シリーズ人間科学」第六巻のタイトルは『越える・超える』です。これまでの『食べる』や『病む』といったタイトルに比べて、もしかすると、具体的なイメージが湧きにくいかもしれません。けれども、人間科学は、既存の学問分野を「越える・超える」ことによって、新たな学問分野を創ろうとしてきました。そのため、「越える・超える」ことは、人間科学にとって、その出発点からして、欠かせない重要な側面です。本書でも、それぞれの学問分野の専門家が、それぞれの分野における「越える・超える」にまつわるテーマを掘り下げるだけではなく、他分野との開かれた議論に広げることで、人間科学としての新たな知の創造に挑んでいます。本シリーズでは初めての取り組みである座談会の収録にも、こうした挑戦が表れています。また、本を読むという体験自体も、未知の世界を知り、思うことに通じるでしょう。読者の皆さんにとって、本書が、今生きる世界を「越える・超える」ことへのささやかな誘《いざな》いになれれば幸いです。

「シリーズ人間科学」は第一巻として『食べる』を二〇一八年三月に刊行して以来、年一、二巻のペースで、『助ける』、『感じる』、『学ぶ・教える』、『病む』の刊行を続けてきました。このあとには、『老いる』、『争う』のように、人の「こころ」と「からだ」と「くらし」を表すタイトルを持つ続巻の刊行を予定しています。どの一冊も、あるいは一冊の本のどの章も、私たちの「人間科学」であり、人間の理解につながるものであると思います。「シリーズ人間科学」を通して、読者の皆さんと私たちの交流が、お互いに刺激的で、創造的に発展することを願っています。

大阪大学大学院人間科学研究科
「シリーズ人間科学」編集委員会

はじめに

シリーズ人間科学・第六巻『越える・超える』をここにお届けする。第一巻『食べる』、第二巻『助ける』、第三巻『感じる』、第四巻『学ぶ・教える』、第五巻『病む』と比べると、本書のタイトルはいささか抽象的であり、それだけでは何を主題に論じた本なのかが具体的にイメージしにくい、という人もいるかもしれない。そこで、まず、この「はじめに」で、本書のキーワードである「越える」と「超える」が何を意味し、それぞれどう異なるのかを説明しておきたい。と同時に、これらの動詞が「人間とは何か」を探究する人間科学へと私たちを誘う道標であること、とりわけ二〇二〇年初頭から始まった世界的に深刻な状況の下では人間探究のための注目すべき重要な手がかりになり得ることも述べておきたい。

本書の責任編集者である岡部が専門とする教育哲学の領域では、生まれてから死ぬまでの生涯にわたる人間の多様な変化・変容を「発達」と「生成」に大別している。本書では、次に述べるように、前者が「越える」、後者が「超える」に相当する。

「発達」とは、同一の歴史的・社会的・文化的背景や慣習・生活習慣を共有している（とされる）共同体、したがって人々が同一の価値観を共有しやすい共同体のなかで、その同一の価値観に沿って成長することを意味する。ある共同体で暮らす親のもとに生まれ、子どもとして育ち／育てられ、その共同体の構成員から「一人前」と認められるような大人になること、つまり「社会化」と言われる成長のあり様は「発達」の典型である。「発達」の過程では、日々刻々、少し前の自分を「越え」てよりよく、より大きく、より豊かになることがめざされる。「越え」ていく先にあるめざすべき目標は、たいていの場合、あらかじめ設定されており、共同体の多くの構成員からすでに承認されている。それゆえ、少し前の自分を「越える」というこの「発達」の過程は、概して、事前に予測し、計画し、操作することが可能である。まさにこの過程を事前に予測し、効率よく目標が達成できるよう計画を立て、その計画の実現に向けてさまざまな工夫を施す（操作する）ことが、教育と呼ばれる営みだと言える。

一方で、「生成」は、同一の価値観を共有することのできる共同体の「外」に出ることによって人間が被る変化・変容のことを意味する。例えば、外国に行って異文化に触れることは、「生成」の一つの契機となる。だが、それが必ず「生成」を引き起こすとは限らない。例えば、せっかく「外」国にいるにもかかわらず、ほとんど同じ価値観や生活様式を共有している同じ経済階層や同じ文化圏の人々としか付き合わない、あるいはまた、今の自分でも無理なく消化できる範囲の異文化——食事や服装や住居の違い、土産物として見栄えがよいように加工されて売られている民芸品など——にしか興味を向けないとしよう。

そうだとするなら、それは、自分が既に知っていたり馴染みがあったりするものと同一ないしは類似している、あるいはどこか共通しているところがあるからこそ、自分の価値観に齟齬を来したり、それが根底から揺るがされたりすることなく受け入れられるような新しい知識を一つ増やしただけのことに過ぎない。つまり、それは「発達」に過ぎないのであり、「生成」ではないのである。

自分にとって既知の、馴染みのある人やモノとは異なる人やモノとただ単に出会うだけではなく、その出会いのなかで、従来、自分が身につけてきた既存の知識や技能が機能不全に陥るような経験。価値や意味があると当然のごとく信じてきたものごとが無価値・無意味に思えてしまうような経験。それゆえに、自分の思考や感覚や行動が自明の前提としている枠組みをあらためて省みざるを得ず、必要ならば思い切ってその枠組みを「超え」てみるというような経験。こうした経験を通して、自分のものの観方や感じ方、思考の仕方、行動の仕方に予想もしなかった変化・変容を被ること――これが「生成」なのである。このように偶然の出会いが醸し出す違和感、不全感、不安感（恐怖感）、落ち着きのなさ、気味の悪さのなかで引き起こされる「生成」は、「発達」とは異なり、予測も、計画も、操作もできない。いつ引き起こされるのか、その後、いったい自分がどのように変化・変容するのか、変化・変容の結果が、果たして、自分が従来、親しくしてきた人々から――好意的に、あるいは、しぶしぶとでも――受け入れられるのか否かは、先述のような経験を経て変化・変容を被ってみた後でないとまったくわからないのである。

実のところ、近代科学の発展とは、人間に違和感、不全感、不安感（恐怖感）、落ち着きのなさ、気味の悪さを醸し出すような不可測の出来事や、操作はもちろん予測や計画すらもできないようなものごとを、人間の知恵と力、そして人間が開発した技法・技術で克服し、人間の統制の下に置き、人々の生命・生活・人生の安全と安心、そして快適さを増大させていく過程であったと言っても過言ではない。どのような天候の下でも安定して食料を供給することのできる農業技術や、さまざまな生活用品や嗜好品を大量に生産することのできる産業技術の開発に始まり、車・列車・船・飛行機で世界のほとんどどこにでも行けるようになり、それればかりか、今や世界のどこにいても、ネットワークが繋がってさえいれば、情報技術が一瞬で人と人を結んでくれる。そのうち、「世界」という言葉は、地球上を遥かに越えて、太陽系、銀河系を当然のように意味するようになるのかもしれない。他方ではまた、臓器移植や遺伝子工学、予防医学や防災科学などの発展は、かつて仏陀が説いた四苦――生・老・病・死という人間として存在することに必然的に伴う苦悩――を軽減し、人々は自らの生をより確実かつ豊潤に持続・継承できるようになりつつある。

だが、それでもなお、この世界には人間の想定を超える災厄が尽きることはない。いつ、どこで、どのようにして生まれてくるのか、どのような病や怪我を被り、老いて死んでいくのか、あらかじめ知っている人は誰一人いない。家族との関係、友人や恋人との関係、職場の同僚や取引先の人々との関係を始め、公私にわたって、私たちの日々の暮らしは、自分の思い通りにはならない「儘《まま》ならない」出来事とものごとで溢れている。さらに言えば、日本は、地震や水害など、毎年のように想定外の被害をもたらす自然災害が頻発する地域にある。そして、まさに今、新型コロナウイルス感染症（COVID-19）の拡大が、日本のみならず世界中を混乱させている。どれだけ科学技術が進展しても、不可測の出来事や儘ならないものごとは、人間に執拗につきまとう。

人間であること、人間が生きることにつきまとうこうした儘ならない出来事・ものごとに対して、人間は、どのようにして人間らしく向き合い、何とか折り合いをつけて生きていけばよいのだろうか――このことを研究主題とする学問分野が人間科学にはある。「生成」を論じる教育（哲）学だけではなく、人間である限り避けることのできない老いや死を主題とする臨床死生学・老年行動学、人間に内在する、だが本人にも儘ならない心的エネルギーとの向き合い方を主題とする臨床心理学・教育心理学、偶然性を主題とする哲学、被災者の苦悩に寄り添うボランティア学、儘ならない出来事やものごとを目の前にした人間の祈りや呪術を主題とする宗教学・人類学などがそれに当たる。本書にはこれらの領域から一二人の執筆者が寄稿している。最終章は、自然災害や新型コロナウイルス感染症の拡大という昨今の状況を踏まえた、複数の研究者による学際的なオンライン座談会の報告となっている。

本書所収の論考を通して、儘ならない世界で生きざるを得ない人間の無力さ、弱さ、脆《もろ》さ、儚《はかな》さをあらためて省みるとともに、人と人あるいは共同体どうしの間の境界を「越えて」協働することで、また、人力や人知を「超えて」いくことで何とか生きていこうとする人間の奥深さや多様性、そして、そうした人間を主題とする人間科学の研究の幅広さを、読者に興味深く実感していただければ幸いである。さらには、もし本書が、これからの時代に人間らしく在るための生き方や生きる意味を模索するきっかけになるなら、これに勝る悦びはない。

責任編集者　岡部　美香

目次

第1部

どうにも儘《まま》ならない〈自分〉を越える・超える

第1章　超越機能はイメージを介して現れる

老松　克博

1　深層心理学における「超える」

人間科学は、かつては科学の直接的な対象とされていなかった人間そのものを探究する比較的新しい学問領域で、心理学はその主要な柱の一つである。心という捉え難いものを研究するにはさまざまな切り口が必要だが、そのなかにあって深層心理学は、数値化できない心の多様な特性を明らかにしてきた。本章では、ユング派の深層心理学の立場から「超える」ことについて考える。なぜなら、「超える」ことこそが心の深層の担う最も重要な働きだと考えられるからである。

深層心理学は、無意識というものの存在を仮定して、心の症状や問題の成り立ち、生涯にわたる成長を研究する。人間の本質を経験科学的に理解するのに欠かせない、心理臨床の一分野である。深層心理学には、二大潮流としてフロイト派（精神分析学）とユング派（分析心理学）があって、私は後者に属している。フロイト派は、心の問題の原因となっている無意識内の幼児的な暗い欲望を探し当てて解消しようとすることが多いが、ユング派は、無意識に備わっている創造的で建設的な癒しの知恵を見出して活用するところに特徴がある。

私たちは、生きていくなかでつねに葛藤にさいなまれているわけだが、背景にはかならず対立し合うものが存在している。意識と無意識の対立はその代表格といえようか。対立が軽微なうちはよい。しかし、激化すれば葛藤は深刻化し、のっぴきならない症状や問題を引き起こす。まことに困った事態である。けれども、そのような事態こそが、対立を「超える」動きを生み出し、人が変容したり成長したりする契機になる。

そもそも、意識と無意識はなぜ対立するのだろうか。意識はキレがよく、私たちの適応におおいに役立つ。ところが、そのキレのよさは、ものごとを二項対立的、二律背反的に捉える、意識の傾向に由来する。つまり、意識はあらゆるものごとを白か黒か、善か悪か、優か劣かなどで価値づけて、（ほんとうは何にでも多かれ少なかれ両方の面があるのに）一方の面だけを選び取り、もう一方の面を切り捨ててしまいがちである。意識によるものの見方の偏りははなはだしい[1]。

切り捨てられたもの、取り合われなかった面は、無意識の領域にとどまったままになることが多い。こうして、意識と無意識は、しだいに深い溝でたがいから隔てられるようになる。神話なら、これを失楽園として描くだろう。人祖は禁断の木の実によって意識を身につけ、善悪の区別を知ったがゆえに、未分化な一体性を旨とするエデンという無邪気な楽園から追放されたのだった。意識の発生は、原罪と呼ばれるほどに罪深い(1)。

もちろん、私たちにとって意識の獲得や発展は欠かせない。それは自然が人間だけに与えた貴重な可能性だからである。しかし、その代償は大きい。意識は、いましがた述べたように偏りを免れえないうえに、心の大部分を占めている無意識から切り離されて、永遠の安寧も活動するためのエネルギーの供給もあらかた失ってしまう。意識と無意識がたがいを無視して別々の方向を目指しているようでは、もちろん効率も悪い。

それゆえ、心が意識と無意識にいったん分化したあとで、もう一度、一つの全体へと戻ることが望まれる。ただし、「戻る」といっても、回復されるべき全体性は、原初の心にあった未分化で一体的なそれとは質的に異なる。意識と無意識それぞれの自律性や独自性は保ったまま、両者のあいだにある乖離ないし分裂を超えて架橋がなされた、いわば高次の全体性である。これはできないことではない。意識と無意識にいくら懸隔があっても、風通しがよければ、双方相謀って同じ方向を目指すことが可能である。

このとき新たに見出される方向性は、意識がもともと目指していたものとはちがうし、無意識が目指していたものでもない。それぞれがもともと目指していた別々の方向の中間のどこかに、そのどちらでもない第三の道があるのだ[1]。細い細い道ではあるが、その上では対立し合っていたものが調和している。矛盾や葛藤に引き裂かれかけていた人は変容し、癒されることになる。

ユング派の創始者であるスイスの精神科医、カール・グスタフ・ユング（一八七五年―一九六一年）は、意識と無意識の対立に架橋するこのような心の働きないし現象を超越機能と呼んだ[2]。すなわち、偏りを免れえない意識というものの存在ゆえに必然的に発生する対立を、心はみずから克服しようとするわけである。深層心理学における「超える」がここにある。

２　イメージの働き

超越機能はどのようにして現れてくるのだろうか。のちほど事例を通して実際の様相を見ていくが、あらかじめ簡単な見取り図を示しておこう。まず押さえておくべきは、無意識がどこに姿を見せるかである。じつのところ、それは場所を選ばないが、内容を明瞭に把握でき、展開のプロセスをも観察しやすいのは、やはり内発的イメージの体験においてだろう。そして、誰もが体験しているそれは夢である。夢は、眠っている人のおぼろな意識の前に、無意識の領域から浮かび上がってくる。

ユング派では、心の問題を扱ったり成長を助けたりするためにしばしば夢を使う。夢分析である。アナリザンド（分析を受けに来談する人）に夢を記録してきてもらい、内容をいっしょに検討する。というのも、夢は無意識から意識に宛てて発せられたメッセージだからである。事実、夢の意味を解読して意識化し、現実の生に反映させていけば、問題や症状は勢いを失い、夢見手は変容し成長する。

いや、変容や成長を促すために問題や症状が出現していたと考えるほうがしっくりくることも多い。夢には、そうした変容や成長を引き起こす効果がある。なじみのない人には、にわかに信じられないかもしれない。しかし、ユング派の夢分析には一〇〇年以上におよぶ豊富な実績がある。誤解のないようにいっておくが、夢をほんとうに活かすためのメッセージの解読と意識化の作業は、夢占いのごとき機械的当てはめとは根本的にちがう。あとの事例を見ればわかってもらえると思う。

では、夢のメッセージの役割は何か。重要なのは、無意識がもつ補償と呼ばれる働きである。[1]すでに述べたように、意識（または、その機能的中心としての自我）のものの見方には偏りがあるため、心には必然的に乖離や分裂が発生して全体性が失われるが、そこで無意識の出番が回ってくる。無意識は内発的イメージを介して、意識が目を向けないものの価値を知らしめ、バランス回復を図る。補償とはそういうことである。

無意識的なものはすべからく意識化されることを望むので、夜ごとの夢や白日の淡い空想などにしきりに姿を現す。意識がそこに含まれている補償的なメッセージを受け入れると、おおいに助かることがある。たとえば、楽観的な捉え方にばかり意識が向いているときには、絶望に打ちひしがれる夢を見たりする。意識がものごとの悲観的な側面を多少とも併せ考えられるようになれば、備えの乏しさゆえに緊急事態で痛手を被るのを防げるかもしれない。

今のは単純な例である。ならば、深い恨みのある相手が善行をしている夢を見たとしたらどうだろう。相手の悪い面ばかりを見すぎてはいませんか、というメッセージを素直に受け入れることは容易でない。たいてい、補償的なメッセージは、意識には無茶な要求に見える。意識の価値観の根本的な転換を迫ってきたりもするので、現実適応が危うくなることもありうる。にもかかわらずそうしたメッセージを無視できない場合があるとすれば、すでに状況が行きづまっているときである。閉塞を打破するために、意識と無意識のあいだで駆け引きが行われることになる。

この駆け引きを折衝という(3)。図式的に説明するなら、こうである。無意識は補償的なイメージを発出する。意識はそのメッセージを意識化し、可能な部分だけを選んで現実の生に反映させ、その他の部分は無視したり拒否したりする。無意識はその是非を評価して次のメッセージを送ってくる。このメッセージは、強硬なものであることもあれば、柔軟なものであることもある。すると、それに対して再び意識が……といった具合に、双方がみずからの立場を主張したり譲ったりしながら、和解可能な落としどころを探るわけである。

この和解が成立すれば、意識と無意識の足並みは揃い、両者による心の全体性が回復される。すでに述べた、高次の全体性である。もともとの乖離や分裂が深い場合、これは一つの奇跡とすら感じれられることもあって、超越機能なる呼称もゆえなしとしない。では、全体性の回復の成就を決定づける鍵は何か。それは、折衝に注ぎ込まれる莫大なリビドー（心のエネルギー）から最終的に生み出される新しいイメージの深い象徴性である。

すぐれた一つの象徴は、その多義性ゆえに、およそ接点のない対極的な諸内容を両立可能ならしめる。一例をあげるなら、かつてのパレスティナで神と人間のあいだの断絶が極限に達したとき、霊的な存在であるはずの神自身が受肉し人間にかわってその罪を贖う、という矛盾を超越する象徴が生み出された。このイエス・キリストという驚くべき象徴は、絶望的な対立に架橋し、その後二〇〇〇年以上にわたって世界中の無数の人々に救いを与えている。

3　分裂の予兆に立ちすくむ夢

深層心理学における「超える」について概説したが、エッセンスをぎゅうぎゅうに詰め込んだので、いささか理屈に傾きすぎた。ここからは、夢分析による心理療法の実例を通して、もっと具体的な様相を見てみよう。あるアナリザンドの比較的長期にわたるプロセスのなかから、変容に重要な役割をはたしたと考えられる夢をいくつか提示する。それぞれの意義や働きを検討しながら、「超える」という現象を考えてみたい。

アナリザンドは二〇代後半の既婚男性、Jさんである。ここでは、プライバシー保護の観点からJさんの個人的事情を詳細に記すことは差し控えるが、ざっくりいえば、一方には、職場や家庭から求められる社会的役割（集合的な状況）にどう応えていくのか、他方には、いかにしてそういった集合性に呑み込まれることなく個を生きていくのか、という対立し合う課題があった。分析を開始してから数年を経た頃にJさんが見た夢を以下に四つ提示する。順に見ていこう。

夢①はX年一二月のものである。当時、上述の対立をめぐるJさんの葛藤は一つのピークを迎えつつあった。この夢からいかなるメッセージが読み取れるだろうか。

夢①　全国の支社から同僚が信州のアルプスに集結し、険しい山に登っていく。山は乗鞍岳か剣岳のようである。関西の同僚たちは比較的暖かい日中に山頂まで登り、下山している。沖縄の登山隊がいちばん遅く到着し、登山をはじめ、私も同行する。夕暮れが近づき肌寒くなる。人工衛星の残骸が大気圏に降下してきて、赤く燃え、バラバラになっていく光景を見る。

Jさんは大企業で働いており、同僚の集団は一つの規範を共有している。彼らは日本アルプスの頂に集結する。集合的な規範が中心の高みへと上げられているわけである。「暖かい日中」の登山は、揺らぐことのない確立ずみの規範に従った行動を表しているのだろうか。しかし、ひとたび逸脱すれば、そこの環境は厳しい。ここでは、関西在住の夢見手が近しい同僚たちとは別行動をとっている点に注目しよう。集合的な規範への同調か、個としてのあり方の重視か、そういった葛藤が見て取れる。

最後の最後になって沖縄の同僚たちが登場する。時間的観点から見ても空間的観点から見ても、この同僚たちは、夢見手の意識の辺境から立ち現れている。意識のはてるところで無意識ははじまる。両者の接点がそこにはある。同僚は同僚でも、沖縄隊ならば、中心的な集合的規範とはいくぶん異なる価値観をもっているかもしれない。夢見手はそこに合流する。

沖縄隊が登山を開始すると陽が傾く。夜が訪れれば、意識の光は翳り、無意識的なものの力が増す。かつて無価値の烙印を押されたもの、忘却されたもの、死んでいたはずのものが甦る。そのとき、人工衛星が落日とともに降下してくる。おそらく、この人工衛星は、中天の太陽と同一視されていた強力な集合的規範の正体である。それは、じつは、不滅の太陽とは似て非なる人工物であり、移ろうものにすぎない。

今や、刷新の時が近づいている。人工衛星は、地球を周回する際に働く遠心力と大地からの重力によって引き裂かれる。その残骸は大気圏に突入し、無数の小さな断片となって、それまでのあり方の終焉を表す光を放つ。もはや擦りきれて夢見手の生を導く力を失った従来の規範や価値観は、こうして解体され、燃やし尽くされなければならない。

ただし、けっして刷新のはじまりに浮かれてはいられない。赤く輝くその最後の光芒は、ある種の終末を予告するヴィジョン（啓示的な視覚像）のようにも感じられる。たしかにこのようなイメージの出現は一つのエポックをなすが、同時に非常に深刻な分裂の危機でもある。夢見手の自我ないし意識は方向を見失うかもしれない。「超える」としても、それはまだまだ先の話である。今は、引き裂かれていく人工衛星を見て立ちすくむことしかできない。

4　補償の働きが苦しみとなる夢

Ｊさんはいらいらすることが多くなった。職場でも家庭でも怒りにまかせた言動が出がちだったのがこの頃である。夢には、しきりに精神病患者の像が現れたり、相当に危機的な状態であることを暗示するようなイメージが現れたりした。以下に提示する三つの夢（夢②、夢③、夢④）はいずれもＸ＋一年三月の夢で、それぞれ同月の上旬、中旬、下旬のものである。その展開に注目してほしい。

Ｊさんは三月上旬には次のような夢を見た。

夢②　私は松の生い茂る皇室の古墳に行く。歴代の天皇陵のよう。私は古墳のなかから起きてきたようにも思う。私は、ご神木であるクネクネと枝や幹が曲がった老松の、落ちている枝を、もったいない、持ち帰ろう、と自分の体に巻きつける。〔中略〕挿し木をして再生させようと思う。途中、男が「それを持っていくのか」と私に訊く。私は、男が松の枝を持っていこうとする私に嫉妬し狙っているのではないかと不審に思うが、もしかしたらたいせつな忠告をしようとしているのかもしれないと思い、立ち止まる。私が「バラバラになりそう」と言うと、男は怪訝そうな顔をする。

これだけではわかりにくいので、Jさん自身の説明にもとづいて補足しておく。夢見手は松の枝を体に巻きつけ、自身に一体化させて持ち帰ろうと考えたのだが、それらはくっつきにくく、バラバラに離れていってしまいそうになる。そこで、より強く巻きつけてみたところ、今度は反対に全身を締めつけられ、自分のほうがバラバラになりかねなかったのだという。

老松は神霊の依代〔乗りうつる対象〕となる。能舞台の背景に一本の松が描かれているのは、そこが神霊の依り憑く場、神事の場だからである。ならば、この夢における松にはいかなる神霊が降りてきているのか。私には、蛇のような性質をもつ類のものだと思われてならない。なぜなら、松が「クネクネと」曲がっているという描写があるのにくわえ、その枝が夢見手の全身に巻きついて締め上げてもいるからである。

夢見手は、落ちている松の枝を、もったいないので再生させたいと考えている。しかし、それが再生したとき、はたして夢見手の手におえるかどうか。魔術師や呪術師がみずからの召喚した神霊や魔物にやられて破滅するという物語は少なくない。それは、いわば、神霊の圧倒的な力を前にして生き残れるかどうかを試すイニシエーション、つまり次なるステージに移行する資格を得るのに必要な試練である。夢分析も一種のイニシエーションであり、分析家としての私（老松）が試練を課すイニシエーターとして登場したとしても不思議はない。

墓守かもしれない男は、夢見手がイニシエーションの過酷さに気づかずに行動していることを訝しんでいるにちがいない。さもなくば、夢見手には蛇が松の枝に見えているらしいことを怪しんでいるのだろうか。夢見手は古墳に埋葬されていた高貴な死者かもしれない。そもそも、蛇が地下の冥界に棲む神霊や古代の英雄の霊魂を象徴することはよくあり、蛇と死者のあいだには秘かな同一性が存在する。夢見手は自身の本来の魂を取り戻して再生するための試練のなかにあるらしい。

注目すべきは、夢①と同様、この夢にも「バラバラにな」るという内的体験が含まれていることである。ただし、夢①では、対立し合うものが両極へと引き裂く力によってそうなったのだが、この夢においては、反対に、一つに凝縮してまとまろうとする力によってそうなっている。引き裂く力と結びつける力はじつは近縁なものである。同じ一つの力の表側と裏側といってもよい。両極端は一致する。

この頃の夢見手は情緒的に不安定で、断片化にまつわるイメージをしきりに経験していた。

しかし、夢②には、深刻な心理的分裂の危機のなかで凝縮に向かう力をまさにいま現出させようとする、無意識の補償的な働きが現れている。夢見手にとってそれは苦しいイニシエーションになるが、外界（現実）と内界（夢）におけるこれまでにない葛藤にはそのような意義があるのだと夢見手が気づくことが望まれる。

5　補償の働きを活かす夢

内的な探究は徐々に深まっていく。それは、集合性と個の対立によって引き裂かれそうになっていたJさんにとって不可欠な作業だった。次に示すのは、夢②と同じく三月の夢、ただし中旬のものである。

夢③　私は北陸の山中にある鉱山に来ている。その洞窟のなかでは、ベルトコンベアーで掘った石や土も運び、水のなかに入れ、作業員の男が金を手で分けたり、ざるですくったりして砂金を採る。私はざるで砂金を探し、少量ずつ採っていく。たしかに小さい金があり、根気のいる作業ではあるが、砂金は採れるし、金が高騰しているので、金鉱脈の採掘が続けられている。いま、何十年かぶりに金鉱脈に当たったようで、良質な金がどんどん採れ、大きな塊として精錬されている。その砂や石から金を選り分ける回転式のモップ（はけ）があり、それが新調されている。鉄製の円盤に白くて大きな糸（馬の尾か）を一本ずつ植えて作られている。それをひとりの職人の男が手作業で作っている。私は金よりもその機械、その男に関心を持ち、日本では少なくなったという匠の技を手伝い、作業を行う。ただ、金が採れそうというロマンがあるからこそ、機械を作る意欲も湧くのだろう。鉱山の男は、もう少し掘り進めると大きな石棺があり、そのなかに大量の埋蔵金が入っているはずだ、と言う。私はそれはすごいと胸が高鳴る。

夢見手は北陸の鉱山にいる。フォッサ・マグナのあたりかもしれない。フォッサ・マグナはわが国を東西に二分する大地の裂け目だが、分断された両極をつなぐ接点でもある。この夢の舞台は、分裂の危機に瀕している夢見手にうってつけといえよう。そこに、新たな金の鉱脈が見出された。無意識の深層で地殻変動のような激しい対立や衝突が起きているところにこそ、根本的な変容や変性により貴重なものが生み出される。

神話やおとぎ話では、地下で作業を行う者が宝石や貴石の管理者であることが多い。ゲルマン神話のニーベルング族や「白雪姫」の七人の小人などはその代表である。無意識的な地下の領域には、意識の知らない貴重なものが隠されている。彼らは意識から見れば劣等なので、しばしば小人として描写される。[1] この夢における作業員や職人は小人だとはいわれていないが、そのような類の地下の民かもしれない。夢②で存在がほのめかされていた蛇のもう一つの姿とも考えられる。

地下の小人は、気が遠くなるような膨大な仕事をかわりにこなしてくれることがある。とくに細かいものを選り分ける仕事には長けているので、砂金の選別など、お手のものにちがいない。しかも、彼らがしばしば深遠な知恵の持ち主であることからすれば、夢見手が発明の才と職人の技を持つ匠に出会うのは納得がいく。夢見手には、もはや、地下的なものに対する偏見がまったくない。それゆえ、小人は小人ではなく、彼らから得られるものは多いだろう。

伝説の石棺は、おそらく古代の王族のものである。夢②の天皇陵とのつながりもありそうに思われる。埋まっている黄金は、いわば地下の太陽であり、死せる王族である。ただし、太陽に近縁といっても、夢①で落下した人工の太陽とは質を異にする。大量の埋蔵金は莫大なリビドー（心的エネルギー）を暗示し、アクセスできれば夢見手の生を刷新してくれるだろう。もっとも、有限な意識や自我の使いこなせるリビドーの量などたかが知れているので、慎重でなければならない。

危険なのは、過剰なリビドーの急速な流入による膨張や破裂ばかりではない。かつて、エジプトの古代遺跡の発掘者たちに呪いがかかったと囁かれたことからもわかるように、そこには生者のふれるべからざるものもある。意識にとって、無意識は、貴重なものを秘めている一方で、一種の汚染源であることもまたまちがいない。どれほど得難いものを前にしたとしても、無意識に呑み込まれないための節制が必要である。

石棺からわずかずつ浸み出てくるくらいの金がちょうどよい。埋蔵金の話を聞いて夢見手の胸は高鳴っているが、その横で黙々と金の選別機を作る地下の職人の姿から学ばなければならないことがある。引き裂く力のなかから結びつける力を見出すために必要な態度は、そこに見出されるだろう。そのような地下の民の知恵こそが、夢見手の求めるべきほんとうの宝物なのかもしれない。

６　対立し合うものを「超える」夢

最後に提示するのは、同じく三月の下旬の夢である。Ｊさんは、今にも引き裂かれてしまいそうな状況のなかを、夢に支えられてもちこたえてきた。以下の夢④では対立にどう向き合ったただろうか。

夢④　私は山間にある寺を訪れる。その寺の境内にある紅葉の樹が、いま小さな話題として注目を集めている。その木には、高すぎもせず低すぎもしないところ（二メートルくらい）に、下から見れば上に伸びているように、また上から見れば下に伸びているように見える枝があり、そこからのみごとな深紅の紅葉がたくさんある。私は一瞬、その枝が把握できなかったが、なるほど高いともなく低いともなく絶妙なところにあり、上下どちらに伸びているのか角度によって変わる、と思う。それは正確には枝ではなく、「甲状腺異状樹」といい、本来、枝や根として成長していくべきところが阻害され、かわりに樹皮のうすいところから余剰のエネルギー、栄養分が流れ、少しずつ伸びていった「合手皮」と呼ばれるもの。合手皮を見るために、スラッとして背の高い（一九〇センチくらい）黒い肌の女が来ている。合手皮の影が落ちる地中部分には、同様の合手皮が根のように生えているといわれており、私は他の人たちと根もとを発掘調査のように掘ってみる。すると、茶色いザリガニのような合手皮が出てくる。ゴキブリか黒檀のような色で、ザリガニやエビのような手を持ち、合掌しているように見え、年輪を重ねるように成長したため、昆虫のような節があり、木なのに生き物のようであり、興味深いし、不気味である。念珠のようにも見える。

さあ、どうだろうか。この夢には、パラドックスがそこここにある。例えば、「高すぎも低すぎもしないところに、下から見れば上に伸びているように、また上から見れば下に伸びているように見える枝」があるという。木が下から上に伸びていくのは当たり前のことだが、それとは正反対に上から下に伸びるとはどういうことだろうか。まことに名状し難い性質だが、古くからの象徴学を繙《ひもと》いてみれば類例がないではない。

「倒立した木」と呼ばれるそのイメージは、カバラ（ユダヤ教神秘主義）や錬金術などに説かれている。人は昔から、心の深層にあるこのパラドックスに満ちた象徴を経験していた。倒立しなっている。

た木は、空中に根を持ち、地下に向かって伸びる。通常の木でいえば枝々、あるいは樹冠にあたるところが根になっており、同様に、広く深く張りめぐらされた根に相当するところが枝になっている。

そこには、人間のもつ対立的な二重の性質が反映されている。[4]人間はふつう、大地的なもの、身体的なものを基盤として、天空的なもの、精神的なものに向かって成長していくと考えられるが、じつはそれでは片手落ちである。もって生まれているはずの天上的で霊的な特質を、大地的で物質的なこの世の生のなかに実現していかなければならない。そうした状況のなかに集合性と個の相克を見ることもできよう。

「合手皮」は、夢見手がそのような試みを続けてきたことの一つの成果、実りとして現れたのかもしれない。なぜなら、合手皮は上方（空中）にも下方（地下）にもあるからである。傍らに立つ長身で黒い肌の女は、この上下をつなぐ合手皮が人の姿をとったものだろうか。その肌は「ゴキブリか黒檀のような色」だという合手皮の色に近いし、彼女のおよそ二メートルの身長は、上方の合手皮のある高さとほぼ一致している。

その黒さは、むろん、木の影の色とも符合する。空中の合手皮の影が落ちる位置には、地下の合手皮がある。このことから、上方の合手皮と下方の合手皮がたがいの照応物であることが明らかとなる。倒立した木に象徴される人間の二重の性質がここにも見て取れるといってよい。影が落ちる位置は、当然ながら、季節や時刻によってさまざまに変わる。ちょうど機が熟したがゆえにその位置に地下の合手皮が見つかったにちがいない。

7　「超える」ための霊薬

何の機が熟したのか。二重の性質のあいだに架橋するための機、すなわち対立を「超える」ための機である。ただし、一口に「超える」といっても、さまざまな水準のそれがあることに注意しなければならない。超越的なイメージは、意識の側から見てきわめて美しい形姿を備えている場合もあれば、なにがしか奇怪な印象を与えることもある。それはそうだろう。通常は一つになるはずのないもの同士がくっついているのだから。

合手皮の色はゴキブリを思い出させる。そして、そもそも、漏れ出た養分から腫瘍のごときものとして形成されるのであり、「甲状腺異状樹」なる別名をもつ。それは、夢③における地下の石棺から少しずつ浸み出てくる砂金のイメージとも重なる。そして、無意識から夜ごと漏れ出てくる、小さな夢の数々をも連想させる。ともあれ、この夢に現れた超越的な象徴は、山間の寺という聖域に属している。

「合手皮」という語を私はほかで目にしたことがない。夢見手の無意識が作り出した新語である。そういえば、統合失調症においては、言語新作という症状を呈することがある。聞き慣れない奇異な合成語が次々に生み出され、それによって日常の現象や病理的な体験が説明されることになる。引き裂かれてバラバラに解体してしまいそうな心身のかけらたちを、それでもなお一つにつなぎとめようとする必死の試みである。

Ｊさんは職場や家庭で対立し合うものに引き裂かれそうになりながらも、その対立を「超える」という不可能な課題に向き合い続けた。激しい怒りやバラバラになる感覚の理由と意味を、夢という内発的イメージの体験を通して探究した。そして、ここに提示した夢④を見たあたりで、約四か月続いた内なる生の分裂の危機を乗りきった。Ｊさんは集合性と個の対立をひとまず「超える」ことができた。

その様相を具体的に記すことができないので、抽象的な表現になるが、Ｊさんは自分を取り巻く集合的な規範も自分という個の不可欠な一部だと気づくに至ったのである。個とは、畢竟、一揃いの構成要素からできている最小単位である。それ以上分割すれば、断片にすぎなくなってしまう。(1) Ｊさんの場合は、内なる分裂の危機が個の喪失の危機と重なっていたおかげで、「一揃い」のなかに何が含まれるかに気がついた。

ここに見てきたような内なる分裂は、生涯つづく心の成長のプロセス、すなわちユングのいう個性化のプロセスを歩み続けている人には、いつかかならず訪れる危機である。対立を「超える」ことによって、それまでとは異なる新しい意識が誕生するが、そのためには、従来のあり方を崩壊の危険にさらさざるをえない。したがって、「超える」ためには、それなりの覚悟が求められる。

Jさんは健康度の高い社会人である。それでも夢には精神病にまつわるイメージが頻出していたことに注意されたい。とくに興味深いのは、Jさんがまさに統合失調症のごとき色彩を帯びた言語新作的な夢のイメージを通して「超える」体験をしたことである。それが新たな秩序の構築につながった。病理的になれば一つの症状と目される無意識由来の心的現象も、本来は生理的に重要な調整機能を有していることがあらためてわかる。

夢を含め、無意識から来るイメージは、心が自己治癒や超越のためにおのずから生み出す薬のようなものである。夢見手によると、合手皮は念珠のようにも見えるらしい。合手皮という語そのものが、両手を合わせることを連想させる。右と左は対立し合うものの象徴の一つだが、右手と左手はたがいに補償的であり補完し合う。合掌を思わせる合手皮は、その点でも「超える」ことを可能ならしめる象徴である。

Jさんの場合、以上のようなプロセスを経て超越機能が発現した。しかし、これはあくまでも一例にすぎない。超越機能を担う象徴的イメージは多様で、夢見手も分析家も意表を突かれるのが常である。繰り返しになるが、おおいに危険も伴う。人間の賢しらのおよばない領域といってよい。けれども、そうした領域にこそ、みずからを救い癒す生の霊薬が秘められており、必要とされるまさにそのときに私たちの前に姿を現す。その精密な「超える」仕組みの解明はいまだ途上にある。

引用文献

（1）C. G. ユング（一九九七）．（氏原寛・老松克博監訳、角野善宏・川戸圓・宮野素子・山下雅也訳）『ヴィジョン・セミナー』創元社
（2）C. G. ユング（一九一六）．（横山博監訳、大塚紳一郎訳）「超越機能」『心理療法の実践』一六三‐二〇四。みすず書房
（3）B. ハナー（一九八一）．（老松克博・角野善宏訳）『アクティヴ・イマジネーションの世界』創元社
（4）C. G. ユング（一九五四）．（老松克博監訳、工藤昌孝訳）『哲学の木』創元社

参考図書

- **カール・グスタフ・ユング（一九九七）（氏原寛・老松克博監訳、角野善宏・川戸圓・宮野素子・山下雅也訳）『ヴィジョン・セミナー』創元社**

五〇代後半のユングによる五年間のウィークリー・セミナーの記録。若い女性が体験した一連のイメージの内容を詳細に論じている。ユングがさまざまなイメージの意味に対する理解をどのように広げ深めていたのかがよくわかる。

- **アニエラ・ヤッフェ編（一九九五）（氏原寛訳）『ユング　そのイメージとことば』誠信書房**

ユングの生涯を豊富な図版と厳選された言葉で紹介した大型本。図版には、ユングと関係者の写真はもちろん、ユングが自身のイメージ体験を綴った絵と文章も多数含まれている。イメージの説明不要な圧倒的力を実感できる。

- **老松克博（二〇二〇）『夢の臨床的ポテンシャル』誠信書房**

あるアナリザンドの夢分析のプロセスを、二〇以上の夢を通して精緻にたどっている。夢分析の専門家でなくとも心理臨床の場で夢が使えるようにという目的で書かれたものなので、将来、心理臨床家を目指す人に役に立つ。

第2章　トラウマ・逆境体験を超える治療共同体

野坂　祐子

1　はじめに

災害、火事、事故、犯罪、暴力など、社会では大きな苦難をもたらす出来事が起こる。ある日、突然、身にふりかかる想定外の事態もあれば、いじめや虐待、ドメスティックバイオレンス（DV）など、身近な人による暴力から逃れられないこともある。いずれの体験も、人間にとって脅威となる出来事であり、自分の力では避けられない。このように、人間にとってままならず、生命や尊厳を脅かす出来事とその影響をトラウマという。トラウマとは、人知を超えた現象や人間のコントロール（統制）が及ばないもの、つまり、人の想像や統制を「越えた」ものである。人は「何もできなかった」と感じたとき、自己の尊厳が大きく損なわれる。たとえ、それがどんなに対処困難な状況であれ、人はなすすべがなかったことを恥じ、そして自分自身を責めてしまう。人間は「無力さ」に対して、きわめて無力な存在である。

人間は長い歴史のなかで、トラウマとともに生きてきたといっても過言ではない。太古より、人は自然災害と共存しながらコミュニティ（共同体）を築いてきた。産業や機械化の進展に伴い、大規模な事故も発生するようになった。幾度となく繰り返されてきた戦争の影響は、現代のさまざまな暴力やアディクション（嗜癖）、社会の不和や不正義に表れているかもしれない。

このように、トラウマは身近な生活のなかで起こりうるものだが、見えにくいものでもある。ある人の被害体験は、周囲の想像を「超えた」ものかもしれない。想像の及ばない過酷な現実を知ることは、日常の平穏や安寧、安全感を揺るがすものであり、その恐れを「越える」ことは難しい。目をつむりたくなるし、耳をふさぎたくなる。被害者の存在は見えなくなり、その声は社会に届かなくなる。そのため、トラウマを受けた人は、被災や被害の傷つきのうえに、伝える言葉を奪われるという二重の被害を受ける。

トラウマを受けた人、そしてそれを聴く人の傷つきを「超える」には、こうした社会との断絶を「超える」必要がある。人間科学において欠かせない生と死、そして人々のつながりについて、トラウマの観点からみていこう。トラウマがもたらす絶望と断絶から、希望と連帯を生み出していくために。

2　トラウマとは何か

(1)　ストレスとトラウマ

トラウマとは、心的外傷と訳される「心のケガ」である。トラウマティックストレスというストレスの一種であり、心に深刻な衝撃や脳への損傷を与える出来事とそれによる影響をさす。

ストレスは日常生活につきものであり、心身にとって負荷となるあらゆる刺激を意味する。必ずしもネガティブな刺激とは限らず、恋愛成就といったポジティブな体験も気分の高揚といった変化を生じさせる。こうした心身の変化をストレス反応という。通常、時間の経過に伴い、ストレス反応は沈静化し、日常を取り戻していく。失敗や挫折といった体験は、あとから思い返しても胸が痛むものだが、たいていの場合、つらい思いをかかえながら、人は成長していく。試験勉強やスポーツの試合のように、ストレスがかかる状況だからこそ、ふだんよりも集中力を発揮できることもある。いずれも、過ぎ去れば「あのときは大変だった」と過去形で想起される記憶になるのが通常のストレスである。

一方、通常のストレスのように自然に乗り越えられるものではなく、一度きりの、ほんの一瞬の出来事であっても、人生を一変させるほどの衝撃をもたらすストレスがトラウマである。生命に関わる災害や犯罪、自分や大切な人が巻き込まれた事故、恐怖や恥辱を感じる暴行や性暴力などを体験すると、世の中は安全であるという前提が崩され、「世の中は危険」で「他者は信用できない」というネガティブな認知が強まる。つねに不安や恐怖、警戒心をいだき、生々しく強烈な身体感覚を伴うフラッシュバックという症状に悩まされることもある。時間の経過が感じられず、何年経っても「今、怖い」と感じ、出来事を過去形で想起できないのがトラウマ記憶の特徴である。

さらに、生命に関わる一度きりの出来事ではなく、慢性的に心身の健康を蝕んでいくようなストレスもトラウマになりうる。虐待やＤＶのように、本来、安心して生活できるはずの家庭で起こる暴力は、「毒の入った水」のようにじわじわと子どもの発達や成長に悪影響をもたらす。有害なストレスと呼ばれるもので、神経発達や脳の発達にもダメージを与える[2]。

(2)　トラウマの定義

トラウマティックストレスは、通常のストレスとは異なるものであるが、トラウマの定義は一律ではない。トラウマを病理としてみる場合、つまりＰＴＳＤ（心的外傷後ストレス障害）などの精神疾患の原因として捉える際は、『ＤＳＭ-５精神疾患の診断・統計マニュアル』（以下ＤＳＭ-Ｖ）[1]などの診断基準が参照される。

これによると、トラウマは、実際にまたは危うく死ぬ、重傷を負う、性的暴力を受ける出来事への曝露と定義され、生命に関わる体験や性被害に限定されている。曝露とは、それらの出来事を本人が直接体験するほかに、目撃や伝聞、業務でトラウマティックな場面に繰り返し立ち会うことを含む。DSM-Vで定義されているトラウマは、災害や事故、殺人未遂や傷害、レイプなどの犯罪被害にはあてはまりやすいが、上述した有害なストレスを網羅するものではない。実際、DVやハラスメントは、診断基準にある「危うく死ぬ」ような体験とみなされにくいため、PTSDの診断が下されず、健康被害を生じさせた傷害罪として訴訟することが難しい。

(3)　逆境と複雑性トラウマ

近年、発達を損なう有害なストレスを逆境と捉え、逆境体験もトラウマとみなす考えもある。一八歳までの逆境体験の累積が成人後の心身の状態や社会適応に影響することを明らかにした逆境的小児期体験（Adverse Childhood Experiences: ACE）の研究(5)にもとづき、米国薬物乱用精神保健管理局（SAMHSA）は、身体的・情緒的に有害であり、ときに生命の脅威となるような、長期にわたって人の精神的・身体的・社会的・情緒的・スピリチュアルなウェルビーイング（良好な状態）に影響を及ぼす出来事をトラウマと定義している(8)(9)。

ACEには、心理的虐待、身体的虐待、性的虐待といった「虐待」、DVの目撃、家族の精神疾患、家族の薬物使用、家族の収監、親の不在による「家族の機能不全」、そして身体的および情緒的な「ネグレクト」が含まれる。つまり、トラウマは、殴られたり、世話を受けられなかったりすることで身体的安全が奪われるだけでなく、不安定な家庭環境によって心理的安全が損なわれることも含む。情緒的ネグレクトのように、保護者の過保護や過干渉によって子どもの意思や関心を無視した養育も、子どもの主体性を奪うトラウマになりうる。

幼少期の家庭での虐待、ネグレクト、機能不全にさらされることは、一度きり（単回性）の災害や事故、犯罪とは異なり、長期にわたって繰り返されるのが特徴である。虐待者が親であり、家庭の環境が子どもにストレスを与え続けるものならば、子どもの発達全般に悪影響が及ぶ[11]。これは複雑性トラウマ（complex trauma）と呼ばれ[3]、単回性トラウマのように恐怖を中核とした反応とは異なり、信頼する相手からの裏切りという要素が強く、自他への不信感がより強まる。複雑性トラウマは対人認知の混乱をきたし、トラウマティックな関係性の再演が生じやすい。

3　トラウマの影響

(1)　トラウマの個人差

人はあらゆるストレスと無縁ではないように、トラウマティックストレスから逃れることはできない。とはいえ、その影響の大きさには個人差があり、一律に考えられるものではない。

一般的に、トラウマ体験の深刻さとそれによるトラウマ反応は比例する。これを量―反応関係といい、例えば、同じ災害でも被災の度合いによってトラウマの影響は異なる。また、人為的な要素が強まるほどトラウマ反応は大きくなる。自然災害と対人暴力を比較した場合、対人暴力である殺人やレイプのほうがトラウマに悩まされやすい。どちらも深い傷つきがあるが、苦しみの質が異なるというほうが適切だろう。

災害の場合、自然の脅威を前に人は無力感にうちひしがれ、天の采配としかいえない出来事に対して怒りの向けどころがないという苦しさがある。たとえ自然災害であっても、被災状況や復興の過程においては、さまざまな不公平や不平等があり、人為的な要素による傷つきも深い。

他方、人為的な要素を含むトラウマは、「なぜ自分（あるいは、自分の大切な人）がこんな目にあわなければならないのか」という理不尽さへの怒りと疑問がつきまとう。他者の悪意や悪行に対し、その理由や責任を追求せずにはいられなくなる。しかし、周囲から「もう忘れたほうがよい」という助言や「いつまでも気にしていると、亡くなった人も浮かばれない」などの慰めの声をかけられることによって、本人の思いが否定されやすい。他者から忘れるように言われても、そもそもトラウマ記憶は忘れられるものではない。何より本人が忘れないようにすることで、闘い続け、弔い続け、そして自身を責め続けている。「わたしが逃げなかったから」と自責感をいだくことは、状況からみれば不可能であり、何より暴力の責任は被害者ではなく加害者にあるわけだが、人は「何とかできたかもしれない」と考えることによって、自分の無力さや非力さを乗り「越え」ようとするのだ。

また、トラウマの影響は、成人と比べて子どものほうが脆弱であり、男性よりも女性にトラウウマ反応が生じやすい。しかし、これは生物学的な要因というより社会的な要因も大きいだろう。一般に、成人や男性は、社会的立場やジェンダー役割によって、動揺や不安、不調を表しにくい。被害者であるという自己認識を持ったり、他者に援助を求めたりすることに抵抗感がある男性も少なくない。

(2)　トラウマによる一般的な反応

トラウマは客観的な危険性に起因するものでありながら、本人の主観的体験が大きく影響する。実際の危険性は低いものだとしても、本人が「殺されるかもしれない」「だれも助けてくれない」と感じた場合、出来事がもたらす恐怖や絶望感は大きくなる。

人は危険を感じたとき、三つのF（Fight-Flight-Freeze）と呼ばれるストレス反応を示す。生理的反応として、心拍数や血圧が上がり、とっさに身構える闘争反応（Fight）、慌てふためく逃走反応（Flight）、身動きがとれなくなるすくみ反応（Freeze）が起こる。危険にさらされたとき、冷静に考えて行動したり、落ち着いて対処したりすることはできない。のちに、そのときの自分の行動を悔んだり、恥じたりする人がいるが、それは異常な事態における正常な反応なのである。

さらに、四つ目のFとして、加害者と親密になる（be Friending）という反応もある。とくに、拉致監禁やDV、いじめのように加害者からの支配が続くとき、生存方略として相手の懐に入り込むことで身を守ろうとするものである。加害者の機嫌をとり、相手を支える立場に身を置いて、トラウマから生き延びようとする。トラウマティックボンド（外傷的絆）とも呼ばれ、虐待を受けながらも、被害者が虐待者から離れたがらないことはよくみられる。これは「DVを受けても愛情がある」とか「虐待されても子どもには親が必要」ということではなく、恐怖を感じるがゆえに離れられないというトラウマの影響にほかならない。

⑶　再トラウマと再演

トラウマを体験すると、「いつ何が起こるかわからない」という見通しのきかない状況におかれ、「また、何か悪いことが起こるにちがいない」という不安と恐怖を感じ続けるようになる。危険が去っても、今なお危機の最中にいる感覚があり、警戒や過覚醒の状態が続く。そのため、集中力が低下して事故に遭いやすくなったり、対人関係がうまく築けないことで再被害を受けたり、あるいは被害者が加害をする側に転じたりすることもある[11][13]。

このように、さらなるトラウマ体験を負うことを再トラウマという。そして、「加害―被害」あるいは「支配―従属」というトラウマティックな関係性が繰り返されやすくなる。再演と呼ばれる現象で、家庭で虐待を受けている子どもが学校では他の子どもをいじめたり、性的虐待を受けていた子どもが思春期になって性的に奔放にふるまい、性的搾取をされやすくなったりすることがある。前述したように、トラウマは自己統制（コントロール）の喪失である。「何が起こるかわからない」という不安に対処するために、無意識のうちにトラウマティックな関係性を自《みず》ら繰り返すのだろう。それは安全な方法ではないが、本人にとっては見通しがつくパターン化された関係性である。安全な絆のある関係性を経験できなければ、トラウマティックボンドによる関係性を再演することで、わずかであれ自己統制感を取り戻すしかない。

再トラウマと再演を断ち切るには、本人と周囲がそれをトラウマの影響であることに気づき、安全で対等な関係性を築いていく必要がある。こうしたトラウマの特徴や影響を理解し、それを前提に対応するのがトラウマインフォームドケアである。

4　トラウマインフォームドケア

(1)　公衆衛生としてのトラウマインフォームドケア

トラウマの影響を理解し、再トラウマを防ぐアプローチがトラウマインフォームドケア（Trauma Informed Care: TIC）である[(8)(13)]。インフォームドとは「理解する」「前提とする」という意味で、TICはトラウマを理解した関わりをいう。一般に、トラウマケアと呼ばれるものが、トラウマによる精神疾患や関連症状に焦点をあてた治療的な方法をさすのに対し、TICはあらゆる人がトラウマについて理解し、自分や相手の状態をトラウマの観点から認識するものである。

健康的で良好な状態（ウェルビーイング）は、医療の問題と思われがちだが、日常生活においてはだれもが健康に気を配りながら暮らし、異変に気づいたときには自分で対処している。例えば、咳やくしゃみが出れば「風邪かな」と気づき、養生する。悪寒を感じたら発熱の前兆を疑い、周囲もそれを叱ることなく気遣うだろう。医療従事者でなくても風邪の症状と対処法を知っているからこそ、私たちはあたりまえのように適切な対処ができる。このように健康の知識が周知され、予防から治療まで科学的根拠のある体制をつくることを公衆衛生という。

トラウマも同様に、だれもが「心のケガ」について基本的理解を持ち、再トラウマを与えないように対応することが望まれる。TICは公衆衛生の取り組みであり、治療ではない。そのため、過去のトラウマを詳細に聴いたり、無理に記憶をたぐらせたりすることはしない。身体的なケガや疾患について、専門家でもない人がむやみに傷口に触れたり、手術したりしないのと同じように、「心のケガ」であるトラウマも、やみくもに触れるべきではないが、だからといって放置しておけば自然に治るものでもない。本人の苦痛を認め、話を聴き、寄り添うこと。それは、大病を患う人への関わりとも変わらない。

(2)　トラウマの否認

TICは、トラウマを前提としたアプローチであるが、もちろん、すべてをトラウマの影響であると決めつけるものではない。トラウマの可能性を考えながら理解していくなかで、それ以外の要因が見えてくることも多い。

では、なぜ、わざわざトラウマを意識的に捉える必要があるのか。それは、トラウマが見えにくく、語られにくいものだからである。ほとんどのトラウマは他者に打ち明けられることがない。話すだけでも苦痛な体験であるうえ、つらい思いをして伝えたとしても、理解してもらえるかわからないからだ。性暴力や自死など、スティグマ（偏見）が付与されやすく、社会的タブーになっている出来事は、非難や中傷、好奇の目を向けられやすく、当事者は二次被害を恐れて、話すことができない。そのため潜在化したトラウマは非常に多く、人々に見えているものは氷山の一角に過ぎない。

また、本人自身もトラウマをなかったことにしようとする否認の心理が起こる。あまりにも苦痛な記憶は、忘れたいと思うよりも先に忘れてしまうものである。これは、解離と呼ばれる意識健忘であり、トラウマの記憶を長年、思い出せなかったり、なかには自己の人格を切り離して、解離した（統合されない）複数の人格が形成されたりすることもある。それほどまでに、トラウマはその人に圧倒的衝撃をもたらす。自分の身に起きたことでありながら、だからこそ信じられない、信じたくないという否認が起こる。同時に、事実をなかったことにしないために、忘れてはならないという思いもあり、強い葛藤が生じる。

自分を被害者だと認識することは容易ではない。人は自分の無力さやみじめさを感じないように、「あれはいじめではない、いじられただけ」と軽く捉えたり、「男性が性被害を受けるわけがない」と思い込もうとしたりする。ＤＶをふるわれても「愛されているのだ」と思い、相手を信じ続けようとすることもある。その関係性が、愛ではなく暴力であり、支配にすぎないと気づいてしまえば、相手を失う不安と孤独に耐えなければならない。自分自身が愛されているという幻想も手放さなければならない。トラウマを認めることは、この恐怖を乗り越えることにほかならない。だからこそ、自分自身のトラウマに向き合うにはケアが必要なのである。一人では直面できない現実を受け入れるには、他者の力が欠かせない。

(3)　周囲の傷つき

ところが、周囲もトラウマに直面するのが難しい。優しさや励ましの気持ちで、「忘れなさい」「だれだってつらい思いをしている」「乗り越えなさい」といった声をかけてしまう。トラウマとは、なぜこんなことが起きるのか、納得できない不条理な出来事である。そのため、トラウマを認め、それが自分の身にも起こりうるものだと認識することは、人の不安やおそれを喚起する。身近な人から被害を打ち明けられて、とっさに「まさか」「嘘じゃないの」と相手の訴えを否定してしまうのは、嘘であってほしいという心理からであろう。トラウマは、想像するだけでも耐えがたい恐怖をもたらすのだ。

たとえ、被害の事実を受け止めたとしても、それを聴いた周囲も深く傷つく。当初は「大変だったね」と相手に思いを寄せていても、何年も変わらない当事者の不調や訴えを前にすると、「いつまで言っているの?」と感じることがある。周囲と当事者の間には、埋めがたい時間感覚や身体感覚の溝がある。過去形にならないトラウマの記憶を抱えるつらさは本人にしかわからないものだが、周囲もまた、わかってあげられないというつらさに苦悶する。「代われるものなら代わってあげたい」と胸を痛め、「何もしてあげられない」という無力感や罪悪感がわく。出来事以前の元気な相手や良好だった関係性を喪失したことへの悲嘆と回復を願う焦りもある。そして、周囲もまたトラウマを恐れ、避け、触れないようになっていく。

(4)　トラウマインフォームドケアによる関わり

ＴＩＣは、トラウマを語れずにいる本人と、それを受けとめられずにいる周囲の人々に対して、トラウマについて説明し、そうした心情になるのももっともであるという妥当性を保証し、多くの人にみられる自然な反応だと伝えるものである。こうした一般化を目的とした情報提供を心理教育という。

トラウマの記憶に触れるのを恐れる気持ちを受けとめつつ、それによる苦痛や症状は、身体的な健康と同じように安全な方法でケアできるものだと伝える。繰り返し、被害者には非がないことを説明し、トラウマにまつわる恥や自責感を軽減する。そして、何よりも安心して語れる関係性をつくることが心理教育のねらいである。

社会には、人は苦難や困難に打ち克ってこそ成長できるという信念がある。しかし、「涙の数だけ強くなる」というのは、つらい経験が人を強くするという単純なものではない。つらい経験を重ねることが重要なのではなく、つらいときに「涙」を流せること、そして安心して涙を見せられる「関係性」があることに意味があるのだ。虐待を受けながらも自分の痛みや恐怖、さみしさをおしころしている子どもは、涙を流すことができない。いじめや体罰に耐えかねて涙を見せたとしても、「お前の弱さの問題だ」と責められたら、強くなるどころか絶望するはずだ。つらい出来事によって傷ついた自分を責めることなく、安心できる関係性のなかで自分の悲しみや怒りを表出することによって、人は「強くなる」のである。

人はあまりにも深く傷つくと、感情が麻痺してしまう。呆然として、現実感がわかない。許せないという憤怒や恨みによって、自分でもおかしくなってしまいそうになり、無意識のうちに感情を抑え込んでしまう。「自分が悪い、罰を受けなければならない」という考えから、援助を受けることを拒否したり、「亡くなった人のことを思うと自分が幸せになるのは申し訳ない」という生き残り罪悪感（サバイバーズギルト）によって、自分の幸せを禁じながら過ごす人もいる。「あなたに何が起きているのか」を一緒に考えていくＴＩＣは、トラウマの影響による生き方の変化を理解しながら、当事者が自分の気持ちを整理していくために伴走的に関わるものである。

5　トラウマからの回復とは

(1)　回復とは何か

トラウマからの回復に向かう第一歩は、自分が傷ついているのを認めることである。それには、痛みが伴う。安心してその痛みをかかえられるようになるには、安全な場と関係性が不可欠である。プライベートでの親密な関係性を頼ることもあれば、カウンセリングやセラピー、あるいは当事者同士の自助グループの力を借りることもできる。匿名の電話相談が安全に感じられることもあるだろう。被害を受けたことが責められず、過去を忘れるように促されたり、加害者を許すことを強いられたりしないことが大切である。

トラウマを生き抜いてきた自分を認めるために、被害者はしばしば自らをサバイバーと称する。サバイバーとは、苦しみを乗り「越えた」ことを意味するのではなく、今、ここにいるだけで十分に生き抜いていることを讃える表現である。TICでは、トラウマによって生じたさまざまな影響を、トラウマ症状という病理ではなく、トラウマを生き抜くための対処と捉える。解離やフラッシュバックというトラウマ症状も、破壊的なトラウマの記憶から身を守るための防衛反応とみなす。自傷行為や薬物等へのアディクションも、苦痛を自己治癒するための対処であり、より安全で健康的な対処法に変えていくことが目指される。逸脱行為といわれるものは、トラウマの影響への対処から始まったパターン化された行動やトラウマティックな関係性の再演であることが少なくないからだ。

安全な関係性のなかで、トラウマ体験によって凍結した感情が少しずつ解き放たれる。悲しみに暮れることが許され、怒りが正当なものとして受け入れられる関係性のなかで、他者に許容され、受け入れられる体験を経て、やがて、サバイバーは自分自身を許すことができるようになる。

(2)　回復を支える治療共同体

身体的外傷の治癒でも、治療や周囲の支えが必要となるが、心的外傷であるトラウマからの回復においては、他者とのつながりがより一層重要になる。トラウマそのものが、暴力や排除によるつながりの破壊行為であり、トラウマがもたらす孤立と絶望が、周囲や社会とのつながりを断絶してしまうからだ。関係性における傷つきは、関係性のなかで修復される必要がある。親友や専門家との関係性において支えられることもあるが、二者関係は「援助する-援助される」という力関係が生じやすい。本来、人はさまざまな役割を担い、集団の一員として生活している。この集団の力を活かした回復の場が治療共同体（Therapeutic Community: TC）である。

TCは、イギリスの精神科医療改革やアメリカのアルコール依存症自助グループを起源に、精神科医療や刑務所において進展してきた。薬物や犯罪からの離脱と回復を支える場として、集団生活を基本としながら、医療機関や刑務所、当事者がともに暮らしながら薬物からの離脱を目指す回復施設等で実践されている[6]。日本においても官民協働刑務所である島根あさひ社会復帰促進センターの処遇として実践されており、坂上香監督によるドキュメンタリー映画『プリズン・サークル』（二〇二〇年）では、受刑者が他の受刑者との語り合いのなかで自分の生い立ちを振り返る姿が描かれている[7]。TCの導入による受刑者の再入所者率低下も検証され、「サークル」のつながりが犯罪行動の変容を促進する可能性が示唆されている[10]。

TCの定義はさまざまなものがあるが、変化を促進するための意図的な集団であり、個人の癒しと成長を目的とした共同体である[4][6]。共同体という集団体験が回復の方法として位置づけられており、個人は集団内の役割を果たしつつ、それが自己の回復につながっていく。なぜ、共同体の一員になることが個人の回復を促すのだろう。

(3)　治療共同体における体験の意味

性暴力被害の女性サバイバーのグループにおいて、トラウマがもたらした「傷」をテーマに、感情や関係性について話し合うTCのアプローチを取り入れた実践では、TCの特徴と参加体験の意味が見出された（表3-1）[12]。まず、TCの安全な場は、支援者が用意できるものではなく、参加するメンバー全員がお互いの安全に配慮し、「ここでの話はここだけに留める」といった守秘の責任を負う。当然のルールに思えるかもしれないが、トラウマを抱える人にとって、次のセッションまで自分の不安を抱えていることは容易ではない。安全と安心はときに矛盾す

表3-1　治療共同体（TC）の特徴と参加体験の意味[12]

治療共同体（TC）の特徴	参加体験の意味
メンバー全員の守秘の誓約と実行	責任を担う
メンバーの一員として「支える／支えられる」	主体になる
グループで生じた葛藤を「今ここで」扱う	修復の体験を重ねる
過去を理解し、現在に注目し、未来への視点をもつ	回復への動機が高まる

るものであり、安全な関係をつくるためには不安に耐えなければならないこともあれば、束の間の安心を求めて危険な関係を結んでしまうこともある。そうした葛藤のなかで、ＴＣでは安全を重視し、再トラウマにならない関係性をつくっていく。だれかが救済者になったり、自己犠牲的にだれかに尽くしたりするのではなく、お互いに「支え合う」関係性の主体となる。これは、支援者も同様であり、専門家としての知見やスキルを活用しつつも、パワー（権力）を乱用しない姿勢が求められる。メンバー同士がもめたときこそ、「何が起きているのか」というＴＩＣの視点を活かし、トラウマティックな関係性を再演するのではなく、ともに回復し、成長していく関係性を体験する。こうして、現在起きていることに注目することで、メンバーの視点は過去から未来に向かう。

トラウマを語り合うことは、傷の舐め合いや自己憐憫ではなく、トラウマを悼み、自分自身を慈愛的に捉えるコンパッション（思いやり）を体験するものである。ＴＣのなかで、お互いに向けられたコンパッションは、やがて自分自身に向けられるセルフコンパッションになる。

社会で起きているさまざまなトラウマもまた、コミュニティ（共同体）によって支え合い、コンパッションを体験することで変化していくのではないだろうか。虐待や暴力、ハラスメントや犯罪といったトラウマは、社会的非難や排除、罰則や規制だけでは変わらない。求められるのは「何が起きているのか」というＴＩＣの視点にもとづく治療的な共同体である。どんな人も、トラウマを受けたことに責任はない。しかし、トラウマから回復する選択はできるし、その選択をする責任がある。そうした選択ができる主体性を取り戻すことが、トラウマからの回復といえよう。

6　おわりに

トラウマに対して何もできなかったという思いに苛まれていた人にとって、その出来事を生き延びただけでも十分だとわかることは、その後の人生を歩む力となる。自責感や恥を手放し、生き延びた自分自身を受け入れるためには、仲間やコミュニティの人々による承認が必要である。人はコンパッションによって、絶望のなかから希望を見出せるようになる。

回復の過程では、本人だけでなく周囲も無力さを覚えるものである。しかし、他者とのつながりのなかで、人間の無力さを受け入れる強さを手にすることができる。無力であることは、悪いことではないし、弱いことでもない。無力であるがゆえに、人とつながることには価値があるのだ。無力さへの無力感を「超えた」とき、人は自分自身の尊厳を取り戻す。

トラウマは、人の力を「超える」体験である。人々とのつながりを断絶させる衝撃をもたらし、トラウマによって生じた溝や断絶は簡単には埋まらない。安易に埋まるものではないからこそ、相手の考えや気持ちをわかろうとすることが大切になる。対話を重ねていくことでしか、連帯は生まれない。トラウマティックな関係性を対等な関係性に変えていき、お互いの力を持ち寄ることで、個人の力を「超える」ことができるかもしれない。一人ではできないことでも、共同体なら可能になる。安全な絆の形成は、個人のみならず社会全体の回復につながるものだ。

引用文献

（1）American Psychiatric Association.（2013）. *Diagnostic and statistical manual of mental disorders. Fifth edition.* Washington, DC: American Psychiatric Publishing.（米国精神医学会（二〇一四）.（日本精神神経学会日本語版用語監修、高橋三郎・大野裕監訳）『ＤＳＭ-５ 精神疾患の診断・統計マニュアル』医学書院）

（2）Bloom, S.L., Farragher, B.（2013）. *Restoring sanctuary: A new operating system for trauma-informed systems of care*. New York: Oxford University Press.

（3）Courtois, C. A., Ford, J. D.（2012）. *Treatment of complex trauma: A sequenced, relationship-based approach.* New York: Guilford Press.

（4）De Leon, G.（2000）. *Therapeutic Community: Theory, Model, and Method*. New York: Springer.

（5）Felitti, V. J., Anda, R. F., Nordenberg, D.et al.（1998）. Relationship of childhood abuse and household dysfunction to many of the leading causes of death in adults. The Adverse Childhood Experiences（ACE）Study. *Am J Prev Med* 14（4）: 245–258.

（6）藤岡淳子（編）（二〇一九）．『治療共同体実践ガイド――トラウマティックな共同体から回復の共同体へ』金剛出版

（7）坂上香（二〇二〇）．映画『プリズン・サークル』映画公式ホームページ：https://prison-circle.com/（二〇二〇年九月三〇日アクセス）

（8）Substance Abuse and Mental Health Services Administration（SAMHSA）.（2014）.: *SAMHSA's concept of trauma and guidance for a trauma-informed approach.* HHS Publication No.（SMA）14-4884.（大阪教育大学学校危機メンタルサポートセンター、兵庫県こころのケアセンター（訳）（二〇一八）．『SAMHSAのトラウマ概念とトラウマインフォームドアプローチのための手引き』）（http://www.j-hits.org/child/pdf/5samhsa.pdf）（二〇二〇年九月三〇日アクセス）

（9）Substance Abuse and Mental Health Services Administration（SAMHSA）.（2019）. *Trauma and violence.* https://www.samhsa.gov/trauma-violence（二〇二〇年九月三〇日アクセス）

（10）毛利真弓・藤岡淳子（二〇一八）．刑務所内治療共同体の再入所率低下効果――傾向スコアによる交絡調整を用いた検証．『日本犯罪心理学会誌』五六：一、二九–四六．

（11）野坂祐子（二〇二〇）．対人暴力被害が及ぼす影響．藤岡淳子（編）『司法・犯罪心理学』七〇–八八　有斐閣

（12）野坂祐子（二〇一九）．トラウマからの回復に治療共同体を生かす――トラウマインフォームド・ケアによる安心・安全な関係性．藤岡淳子（編）『治療共同体実践ガイド――トラウマティックな共同体か

ら回復の共同体へ』一三三–一五〇　金剛出版

(13) 野坂祐子（二〇一九）．『トラウマインフォームドケア――〝問題行動〟を捉えなおす援助の視点』日本評論社

参考図書

・**野坂祐子（二〇一九）『トラウマインフォームドケア――〝問題行動〟を捉えなおす援助の視点』日本評論社**

トラウマインフォームドケアの概念をまとめ、児童福祉・教育・司法・コミュニティにおいて「問題行動」とみなされやすい事象をトラウマの視点から読み解く。トラウマの影響は、本人だけでなく周囲の人や支援者にも及ぶ。再トラウマを防ぐための取り組みを紹介している。

・**宮地尚子（二〇二〇）『トラウマにふれる』金剛出版**

医療人類学者かつ精神科医としてトラウマ臨床にあたる著者が、傷を語ることの意味と可能性、治療者のポジショナリティ（立ち位置）について論じる。傷ついた心と身体の連動性やジェンダー・センシティビティの問題など、臨床経験からの思索と実践が述べられている。

・**藤岡淳子編（二〇一九）『治療共同体実践ガイド――トラウマティックな共同体から回復の共同体へ』金剛出版**

治療共同体の歴史や理念にもとづく理論的考察から、国内外の治療共同体実践の動向まで広く紹介されている。精神科医療・司法領域・福祉領域等での取り組みや、ＴＣの運営にあたった実務家、ＴＣに参加した元受刑者やトラウマ・サバイバーの対談から、当事者の声を知ることができる。

第3章　精神と病とつながり

管生　聖子

1　はじめに

「越える／超える」には、何らかの境界が必要になる。例えば、常識を超えるには、常識とそれ以外の部分（非常識）の境界があり、常識の枠組みから外れることで「超える」ことができる。「容量を越える」「世代を超える」「国境を越える」も同様に、基準や場所、時間幅が区分され、此方と彼方があることで「越える／超える」ことができる。「越える／超える」には、此方側と彼方側、ここからとここまでの境界があり区分・分断されているという前提がある。この章では、「越える／超える」ための前提となる境界や枠について臨床心理学という学問と実践を紹介しながら「越える／超える」こと、そして開かれ、つながってゆくことを論じたい。

2　面接室という小さな空間で境界をつくる

心理臨床面接では、クライエントが自身と向き合い悩みや問題を含め自己理解をしてゆくためセラピストと対話する。悩みを持つクライエントと、こころに関する専門的知識を持つ優れた聴き手であるセラピストとの間で対話を重ねることで、新しい視点や望ましい変化がもたらされる。[7] あるクライエントと心理臨床面接（心理療法）でお会いし始めた頃、面接室の扉がきちんと閉まっているかとても気になるということがしばしば起こった。

このクライエントと会う時は、セラピストである私が面接室の扉の開閉をするため、扉が閉じているかは視認している。にもかかわらず、ソファに腰かけ、ものの数分もしないうちに扉がきちんと閉じられているか頻繁に気になるということが面接初期に起こったのである。

このクライエントをAさんと呼ぶことにしよう。Aさんは、精神科診療所に通院し、心理療法を受けている女性である。その担当セラピストが私であった。また、彼女は診療所併設のデイケアを利用していた。精神科デイケアとは、地域で暮らす精神障害を抱える人の再発予防やリハビリテーションの場で「精神科通院医療の一形態であり、精神障害者等に対し昼間の一定時間、医師の指示及び十分な指導・監督のもとに一定の医療チーム（作業療法士、看護師、精神保健福祉士、臨床心理技術者等）によって行われ」「内容は、集団精神療法、作業指導、レクレーション活動、創作活動、生活指導、療養指導等」で、「精神科デイケアの治療対象は、統合失調症から神経症性障害等まで幅広く適応され、入院治療ほどではないが、今までの通院治療よりも積極的で濃厚な治療を行うことができる」[9]とされている。

主治医によるAさんの診断は統合失調感情障害（Schizoaffective Disorder）であった。統合失調感情障害は、大まかにいうと統合失調症と抑うつや躁の状態が同時にあるものである。[10]統合失調症は、人口の約一パーセントがかかる精神障害の中でも代表的なものである。妄想や幻覚、感情や意欲が出なくなる、集中力や記憶力の低下、計画や問題解決が難しくなるなどの症状が現れる。Aさんは一〇代後半に発症し、親に連れられ精神科を受診した。生活リズムを整えること、居場所として利用することを目的にデイケアを利用し、日々の出来事や困りごとを聴いてもらい整理したいというので心理療法を受けていた。デイケアでも、スタッフがメンバー（デイケアを利用する人々のことは患者と言わずメンバーと呼ぶ）のさまざまな困りごとや思いを聴いている。Aさんも例外ではなく、デイケアスタッフにも相談できており、主治医の診察もコンスタントに受けていた。が、それに加えて、自分のためだけの時間・空間が毎週保証される一対一で行う心理臨床面接を希望していた。心理療法が始まった当初は「気持ちの波がないようにしたい」というのがAさんの思いであった。些細な出来事（Aさんにとっては些細ではないのだが）を自分に向けられた攻撃や批判のように感じ、気持ちの波が大きくなり、落ち込んだり怖くなったり、怒りを表出したりした。時には、そうした些細な出来事を遮断するために自身の行動を制限したりもした。落ち着いて過ごすためのAさんの工夫なのだが、日常生活を送る上でそれに振り回されることにもなる。Ａさんにとってこの「気持ちの波」は「なくしたい」ものであった。

３　クライエントが纏《まと》う空気

Ａさんに心理療法を行う時、私は彼女を待合室まで迎えに行き一緒に面接室に向かう。この時、私はＡさんが纏う空気を見る。「見る」というより「感じようとする」といった方が正確かもしれない。Ａさんの纏う空気の濃薄が強い時は、私が意図せずとも、それを感じさせられる。言葉にすれば「調子よさそう」「あまり元気ない感じ」「何かピリピリしてるかな」「ちょっとしんどそう」などである。クライエントが纏うこうした雰囲気を感じ取り、捉える感覚を臨床にいる人たちは身につけている。医師や看護師はもちろん受付スタッフもクライエントの日々の些細な変化を感じ取り、スタッフミーティングやスタッフ間の雑談で伝えてくれる。「私は心理士さんや看護師さんのような専門職ではないので……本当に、ただの感想なんですけど……」などと前置きし控えめに、その時感じ取ったクライエントの「ちょっと」した「何となく」の様子や変化、クライエントと交わした一言二言のトーンを共有してくれる。本人は謙遜されることが多いが、目の前に今いるクライエントに向き合い、その日のその時のクライエントの表情や様子を繊細に捉えていると思う。そして、同時にそれが完全には捉えられないものであることも私たちは自覚している。だからこそ、それぞれのスタッフが、クライエントに出会ったその時のその感触を言葉にし、共有することで治療につながる見立てを行い続ける。後述するフランスのラ・ボルド病院創始者のジャン・ウリ（一九二四年-二〇一四年）も「ほんのちょっとしたこと、細やかな細部やちょっとしたサインを活用できなければならない」(4)と述べているが、この診療所はこういったことがどれほど重要なことであるか、医院長が常日頃の実践で示し、その姿を見ているスタッフらも、それぞれの思いのもと、大切にしようとする土壌を培っている。そこに誰がいるかでその場は条件付けられ、場の動きはその都度異なる。毎朝行われるスタッフミーティングはその象徴的なものであろう。気になったメンバーの名前が挙がり、そのメンバーについてスタッフそれぞれが考えていること、感じていることを言葉にする。スタッフが一人でも代われば場の流れは異なってくる。私がこの診療所に勤め始めたばかりで、メンバーの名前と顔も一致しない頃、朝のミーティングで黙っていると「あなたはどう思いますか？」と唐突に医院長から聞かれることがしばしばあった。医院長だけでなく他のベテランスタッフから聞かれることも。内心（顔に出ていたかもしれないが）焦り、そんなこと聞かれても……と、しどろもどろになっていると、皆じっと耳を傾けてくれるので、ますますしどろもどろしていたことを思い出す。一回か二回お会いしただけのメンバーだったり、お会いしたことさえないメンバーの話題だと、ただただ困惑したのである。「○○さんとはまだ一度もお会いしたことが無いので……」と逃れようと試みると、一呼吸おいて医院長が「今、ここで話し合われていることを、どう感じていますか?」と聞いてくれるのだ。その頃の私は、どこかで「論理的で正確で間違いのない」ことを答えねばならないと勘違いしていたのだと思う。これまでの社会システムの中でそのような在り方が身についてしまっていたのだろう。だから、外からやってくる実習生が当時の私と似たような状況で、そのメンバーや、そのメンバーにまつわるスタッフ間のやりとりについて、自身の内に沸き起こってきたことを拙いながらも率直に言葉にする姿を見ると、純粋にすごいなと感じるのである。

よく言われることだが、クライエントは何を誰に話すか選んでいる。それは意識的な場合もあるし、無意識的な場合もある。職種によって語られることも異なるし、それまでに受けてきた訓練によっても見え方も異なる。医師だから、心理士だから、看護師だから、精神保健福祉士だから、受付スタッフだから、実習生だから、もっというなれば、その人にだから話されることや示される態度がある。診察室やデイルーム、待合室のクライエントは、面接室では見ることの無い表情や聞くことの無い言葉を表現するし、逆に面接室の中だからこそ話されることがある。既存の知識や技術を活用しながら、時に無力さを痛感しつつ今目の前にいるクライエントの像を結びケアの実践を組み立ててゆくのは、精神科領域では職種にかかわらず特に顕著かもしれないが、他科の臨床家も同様だろう。「クライエントが纏う雰囲気」、すなわち全身の使い方、力の入り方、肌の色みや視線、目や口元周辺をはじめとする顔の筋肉の使われ方、呼吸、髪型や服装、持ち物の整い方やバランス、さらには意識にまでのぼっていないものを総合的に瞬時に判断している。そのため、それが言葉になると「ちょっと表情がよくない」とか「何か気になる」という表現になる。「眼球周辺の筋肉にこれくらい弛緩があって、口角が〇・〇五ミリメートル下がっているから……」というようなことは言わないだろう。これらの臨床感覚と、専門的な知識や技術なども併せられ目の前のクライエントが立体的に見えるようになる。クライエントに関わる多職種スタッフが見ているその像が共有されることで、それぞれのスタッフが刺激を受けチームも動いてゆく。もちろん常に上手くいくわけではない。さまざまな困難があり（私が全く知らないものも多数含めて）、スタッフ間がぎくしゃくしたり、近すぎたり関係性が適度でないと、クライエントやデイケアでも連動するかのように何らかの不調が表現されたり問題が起こったりする場合もある。そうした時、いったい今何が起こっているのかを自身で問い、チームでも話し合う。こうした積み重ねが日々の臨床実践で行われ、クライエントへのまなざしに深みが増してゆく。「毎朝ミーティングをする」ことが形骸化してはいけない。ケアやサポートのためのマニュアルと同じで、ただ決まっていることを行うだけでは、外見はきちんとやっているように見えながら、有意義な実践からは離れていってしまう。そうならないために「今、ここで、何が起こっているのか」を常に問い続ける。ウリが述べる「ここでは何が起きているのか（Qu'est-ce qui se passe ici?）」という、この根本概念に戻る」[3]のと同様の実践ではないかと思う。スタッフミーティングに私の個人的な理由で出席できず、ミーティングが終わる頃に出勤すると、皆がミーティング中にお茶を飲んだ湯呑が洗われずお盆にのったそのままスタッフルームに置かれていることがある。私はそれを片付けるのが好きである。ミーティングでどんな話がどんな流れでなされたのか具体的な内容はもちろんわからないが、ミーティングでそれぞれスタッフが何かを共有しようと試み、思いを巡らせた時間をそこに感じるからである。

朝のミーティング時、実は診療所はすでに開いていて診察やデイケア利用、心理療法を受けるため患者さんらがすでに待合室にいる。スタッフが患者さん（クライエント・メンバー）の治療について話をしている間、クライエントらはその部屋の外側で待っており、スタッフの方がクライエントに見守られているような構造になっている。心理臨床面接の中でもこういうことは起こっている。セラピストがクライエントの成長にそっとより添っているつもりでも、実はクライエントの方が忍耐強くセラピストの成長に付き合ってくれていたりするのだ。

さて、Aさんとの話に戻すが、私はAさんと面接室に向かうごく短い距離を共に歩きながら、その日その時のAさんを出来る限り自然に感じようとする。無理に何かを感じようというのではなく、Aさんに〝会う〟という感じである。言葉を交わすこともあれば、そうでないこともある。明らかに調子が悪そうな時は「顔が強張っているな」「Aさんにとって良くない事があったのかな」などと考えるし、全くわからない時もあれば、こちらの身体感覚に訴えてくるような時もある。

私が面接室の扉を開け、扉横の札を「面接中」と表示させる。Aさんと共に入室し扉をぴったりと閉める。ソファに着席を促すと同時に私自身も腰を下ろす。面接室でAさんは日々のことを細やかに話すので、Aさんが体験した出来事の情景がありありと目の前に浮かぶような思いがすることもしばしばある。セラピストがわかるよう話してくれているのだろうとも思うし、神経を出来事の細部まで行き渡らせ世界を見る（そのように世界が見えてしまう）というAさんの体験の在り方がそうさせるのかもしれない。

4　心理療法の治療的な「枠」

Aさんは、心理臨床の「枠」の大切さをよく理解している方であった。それは、おそらくご両親やご家族がさまざまな次元での礼節を家庭の中でも大切にし、Aさんに体験的に伝えてこられたことにも通じるところがあるし、これまでの主治医の関わりや、前任セラピスト、デイケアスタッフが枠を丁寧に扱ってこられたからだろう。心理療法でいう治療的「枠」とは、心理療法が決められた面接室で決まった時間に行われ、そして料金が決められていることやクライエントと個人的な関係を結ばないことなどの規則のもとで行われることを指す。「こころ」を扱おうとする心理臨床では、時として抱えきれない深い苦悩や思いもよらない激しい心の動きに触れることがあるため、心理療法にはそれらが増幅しすぎないよう、時間や場所をはじめとした多くの「枠」が守りの装置として配置され、訓練課程において「枠の大切さ」「枠を守ること」を教え込まれる。心理臨床に馴染みがない人から見ると、単に時間や場所を区切るという表面的な部分のみが見えて、時として臨機応変さに欠けるといったような誤解をされることもあるが、枠にとらわれることを教えられているわけではない。むしろ「枠を守る」という基礎をしっかりと身につけることによって、セラピストは枠が揺さぶられる時や枠が破られる時を繊細に、意識的に捉えることができる。そして心理臨床面接を展開させてゆくために本当に必要な時、場や事態に臨み、変化に応じられるよう訓練されていく。臨床心理学者の吉田圭吾はこの枠について「治療空間を日常的・現実的な空間とは仕切られた空間としてセラピストとクライエントが認識すること」で、クライエントが変化し成長してゆく基盤が生成されることを示唆している[11]。面接室という空間そのものも「枠」になっているのだが、本章の冒頭で述べた、その面接室と外界を区切る扉がきちんと閉まっているか気になるという現象は、私が心理臨床の初心者であったことだけが理由だったわけではないだろう。他のクライエントと会っている時には、そのようなことを感じることはなかった。Aさんとの面接の際にだけ、扉がぴったりと閉まっているか、「枠」が侵されてしまうのではないか、内と外の境界が曖昧になってはいないか、突然誰かが扉を開けたりしないかと不安になったのだ。また、色んな断片がバラバラにならないよう枠を作らねばと感じていた。落ち着いてそこに「居る」ことができない、こういう脅かされる感覚を精神病圏のクライエントは日々の生活の中で持っているのではなかろうか。

Aさんが診察や心理療法、デイケアで訴える類の不安感は、こうした侵入される感覚、自分を脅かされる感覚、そこに居られないという感覚でもある。「統合失調症の人たちの〝ここ〟空間は容易に他者からの侵入を受けやすく、それは心理臨床面接におけるセラピストとの関係性においても同様である」(6)。「枠が普通に機能しているとき」は「枠自体が感知されない(8)」ため、Aさんとの面接でこれほどに枠が表に出てくるということは、心理療法を進めてゆくために重要な面であったことは間違いないだろう。臨床心理学者の森岡正芳は「枠はそれ自体が何かを表現するのではなく、「あらわれ」を表現する」と述べ、面接室の中で初めてたち現れる「私」をクライエントもセラピストも体験する(8)という。AさんがAさんとしての輪郭を持ち「あらわれ」ることが、脅かされることなくセラピストとの関係の中で「居られる」ことにつながり、それが面接室の外へも拡がってゆく。Aさんと出会ってゆくために枠を意識せざるを得なかった私は、Aさんが主語なく語る出来事の行動選択の背景となる思いや考えの主体が誰なのか考えながら、面接室の内と外をはじめとする境界を明確にしたいという思いを抱いていた。

Aさんとお会いする時間を重ね一年ほど経つ頃には、臨床心理学という学術的バックグラウンドや診療所が持つ場の力、そして何よりもAさんの力に助けられながら、扉は気にならなくなった。しっかりとした「枠」が機能するようになったのであろう。境界がなければ混沌とした世界になりかねないが、境界があることで開閉が可能となり、つながることができるようになる。境界がない状態でのつながりは、つながりというより世界や目の前の相手との原初的な一体感である。この一体感は穏やかに過ごせる時には魅惑的なものであるが、自他の境界を曖昧にしてしまうため、他が揺れ動く時には自分も揺れ、一体どちらが揺れ動いているのかわからなくなり、世界全てが不穏なものとして感じられてしまう。Aさんも、他者や環境の変化に連動するように気持ちを大きく揺さぶられ調子を崩してしまうことも少なくなかった。心理療法では、Aさんの揺らぎを抱えるために、AさんとAさんを取り巻く環境の境界をしっかりと作ることがまず必要であったのだ。境界が明確であれば、誰（何）が揺れているのかわからないということは無くなる。「セラピストが揺らぎを抱える態度を示し、また揺らぎを抱える治療枠を作り出す必要がある」[5]のだが、この「揺らぎを抱える態度」を示せるようになるにはセラピスト自身も自他の境界、内外の境界を意識することが必要だったのだと考えている。Aさんが困難感を抱き不調に陥ることもあったし、セラピストも激しく揺り動かされ葛藤しながらであったが、Aさんのそばに居続けた。そして、面接室の扉が気にならなくなった頃、Aさんの主訴は「気持ちの波がないようにしたい」から「気持ちが揺れても戻れるようになりたい」へと変わっていった。「揺れても戻れる」は自分自身がしっかりとあるからこそできることである。面接室という輪郭がはっきりするのと並行しAさんが自分自身でいられる輪郭がはっきりとしてきたのであろう。

5　開かれる-境界を超える

このようにAさんとの心理臨床面接の時間を重ね紡いでいる中で、診療所スタッフの経験が重なり合い、フランスのラ・ボルド病院という精神科病院を視察に行くという話が出た。メンバーも一緒に、である。これまでもデイケアのプログラムでメンバーとスタッフが遠足や宿泊を伴う国内旅行に行くことはあったのだが、海外の、しかも観光ではなく、精神科病院訪問ともなると言語の問題や準備はもちろん諸々のハードルが高くなるのは確かである。しかし、スタッフの「メンバーさんも一緒に」という一言を受け、話が動いていった。開かれた姿勢でなければなしえないことである。開かれるためには、枠がしっかりとあることが前提であると思う。目には見えない治療的枠組みへの信頼感や安心感が持てる治療構造をこの診療所は作り続けているのだ。受け入れ先のラ・ボルド病院も「日本から友人がくる」と準備をしてくれていた。

ラ・ボルド病院（Clinique de La Borde）は、ウリによって一九五三年に創設された精神科病院で、パリから南西へ二時間ほどの美しい森の中にある古城とその周辺が敷地となっている。病床数は一〇七床で、四つの宿泊できる施設とケア部門として、ピロティ、庭、増築部分と森があり[1]、敷地内に保育園もある（ちなみにこの保育園、児童精神科医のフランソワーズ・ドルトが建築時に助言をしたそうで、園舎には工夫があった）。

精神分析家で精神科医のフランソワ・トスケイェス（一九一二年−一九九四年）の影響を受けたウリは制度を使う精神療法（psychothérapie institutionnel）を実践し、フランスの哲学者フェリックス・ガタリ（一九三〇年−一九九二年）もラ・ボルド病院のスタッフに加わっている。制度を使う精神療法という言葉は一九五二年にフランスの精神科医ジョルジュ・ドメゾンとフィリップ・ケクランによって導入され[3]、日本では制度精神療法とも訳されている。「『制度』とは〈集合体（コレクティフ※）〉によって練り上げられ、そしてその存在を維持するため、どのような性質のものであれ、交換の機能を保証するような構造」で、社会的な規範システムとしての制度のことではない。万能なモデルでも段階的なカリキュラムでもないことはウリ自身承知しているが、「なによりも生きられた体験の特異性において、『そこ』にある『制度』がどのように機能するか、そしてこの制度が主体における情動的・物質的・社会的関係をどのように自発的に『媒介』するかを制度分析を経由して間接的に問う」と述べ、生きられた内的体験の流れが開かれたネットワークを形づくるとしている[2]。病院運営だけでなく、多職種のスタッフらや患者らの人間関係や視線も環境を作っている「制度」と捉え、そこで生きられる分析と組み直しを重視する。病院が準備したものを患者に提供するのではなく、その場にいる患者とスタッフの創造性を発揮できる状況を生み出しながら、患者に役割や責任を与えようとするのである。ラ・ボルド病院には、さまざまなクラブがある。スタッフミーティングも、経営会議さえも「クラブ」と呼ばれているのだという。他にも陶芸クラブ、畑クラブ、乗馬クラブ、音楽クラブなどいくつものクラブがある。何かの技能を獲得することに重点は置かれておらず、自由に何かをする、作ることが重視されている。例えば陶芸クラブでは技術習得は目的ではなく、実用的なものを作る人もいれば芸術的なものを作る人もいる。私たちがラ・ボルド病院を訪れた際に案内してもらった陶芸クラブがあるコテージにもさまざまなアートが所狭しと並んでいた。土を買いに行くのもメンバーがするのだという。すべきことをスタッフが決めてメンバーに指示するのではなく、何がどれくらい必要か、そして誰がいつ買いに行くかなど、メンバーとスタッフで話し合い決めてゆく。病院内の他のことについても同様で、メンバーとスタッフと一緒に話し合い決めてゆくのである。患者は、与えられたものや決められたものをただ受ける側、他者に身を預ける存在になるのではなく、自発的に役割を担う存在となる。もちろんミーティングや活動に参加しない自由も保証されている。他者に身を預けた人とはつまり治療の「対象」に変化させられてしまった「疎外された人」であるが、そのような人が世界との関わりを築きなおすため、ラ・ボルド病院は「脱疎外」を試みるよう組織されている。「世界のうちでの自分の居場所を作り直す」[3]のだ。「コレクティフ（collectif）」という言葉をフランスの哲学者ジャン＝ポール・サルトル（一九〇五年−一九八〇年）は人々がただ集まっている状態という意味で使っているそうだが、ウリ[4]はコレクティフを、集団においてその構成員である個々人が自分の独自性を保ちながらしかも全体に関わっていて、全体の動きに無理に従わされているということがない状態とし、「出会い」の効果を示唆している。ラ・ボルド病院では治療のために出会いの仕組みを歓迎している。

このようなラ・ボルド病院へメンバーと一緒に行くという貴重な機会を目前にして、私は積極的に「行きたい」という思いを持った。が、一方で、心理臨床面接を行っているクライエントと面接室の外で会うことにどのような影響がどんな風に出るのか、ということが私の頭をよぎった。Aさんが参加することに手を挙げている中、「デイケアスタッフ」ではない「担当セラピスト」の私が一緒に行くということは、Aさんにとってどのような体験になるのだろうか。想像を巡らせ、ネガティブな影響が出てしまわないか考えた。けれど、正直どうなるかは全くわからない。ただ、その時の私にはそれまでに重ねてきたAさんとの時間が信頼できるものであり、良くない影響が出ることはないように感じられた。そして、もし何かネガティブな影響が出たとしても対応できるという感覚があった。それは高慢ゆえではなく、自分とAさんの関係性への信頼感と、診療所スタッフへの信頼感があったからである。こうして私は面接室の扉を開き、枠を超えフランス訪問に参加した。逆説的であるが、境界をしっかりと作ることができていたからこそ、外へ開くことができたのである。一方、Aさんはフランスへ行くための準備期間中に困難を感じる場面もありつつ、しかしスタッフらの温かさに後押しされながら、「最初は〝学び〟に行こうかとも思っていたんですけど、そうじゃないな、と思って。フランス訪問では〝感じる〟ことを目標というか、それを頭に置いておこうと思って」とフランス訪問への思いを教えてくれた。参加するメンバーは主治医もスタッフもいるという安心感と同時に、長い時間を共にすることへの緊張や不安も抱いていた。「患者―治療者」という関係性なので、「フランスに連れて行く人―連れて行ってもらう人」「ケアする人―ケアされる人」という図式にはまりがちである。だが、フランスに行く直前、図ったかのようなタイミングでなんと医院長が腕を骨折した。一緒にフランスへ行くメンバーに「荷物を持ったりしてあげますから、大丈夫ですよ」と言われたらしい。はまりがちな「ケアする人―ケアされる人」という図式を反転させる神業を発揮されたのだから流石としか言いようがない（医院長の骨折そのものについては私も充分心配したことは付け加えておく）。医院長は「自分がメンバーさんをフランスに連れて来たのではなく、自分がメンバーさんに連れてきてもらったのだ」と断言していた。私にとってもその感覚は似たものであった。その要素の何か一つでも異なれば、違った動きになっていたかもしれない。縁という言葉が近いのか、意図を「超えた」ところに布置されている。布置（constellation）というのは、一つ一つはただそれだけのもので相互に関係をなしていないようであるが、全体を見るとある時それらが一つの意味のあるまとまりとして立ち現れることをいう。夜空の星一つ一つはバラバラのものに見えているが、全体を見た時に星座（constellation）として浮かび上がるのと同じである。意味が浮かび上がってくる瞬間のこういう感覚に触れられるのはありがたいことだと思わずにいられない。

ラ・ボルド病院へ到着し、病院をすでに退職したミシェル・シャウル医師とも合流し、ミシェル・カルパンティエール医師に敷地を案内してもらった（図3-1）。エピソードに溢れすぎて省略せねばならないのは残念だが、メンバーらが心のこもった本当に素晴らしい歌や音楽、プレゼントをラ・ボルド病院の人々へ贈り、交流する時間を私も共に過ごさせてもらった（図３-２）。その場所のその時の空気を吸い、音や光、におい、色々なものを感じ、それぞれ自分のからだに刻んできたのではないかと思う。

図3-1　ラ・ボルド病院（筆者撮影）

図3-2　ラ・ボルド病院城館１階で交流をするメンバーら（筆者撮影）

フランス訪問から帰国し、振り返りの会や報告会などがデイケアで行われたが、しばらく経ってもフランス訪問は「過去の出来事」にはならず、「続いている」感覚をAさんは持っていた。消化できていないというよりも、フランスでの経験がAさんの今に流れ息づいているような感じだった。Aさんのデイケアでの過ごし方は以前とは異なり、他のデイケアメンバーとよく話し、外に開かれるようになった。

そして帰国から半年以上たった頃、鉢植えをもらったという話を面接の場でして下さった。数個ある鉢植えから一つ選ぶよう言われたそうで、その時に「何となく」花ではなく葉の茂る鉢を選んだという。その鉢植えを自宅に持ち帰り、茂る緑を見ているとラ・ボルド病院の青々とした美しく広がる芝生が思い出され、自分と同じように精神の病を抱えながら過ごす人々と、言葉は多く交わさないがお互いの何かに出会った体験を改めて実感したのだそうだ。すると普段は家の中にはいない小さい虫が飛んでいるのを見つけ「緑があるから虫が飛んできたのだ」と思い、その瞬間に「〝生きてるんだ〟とふと思った」と話された。それは理屈を超えた、しかし確かな感覚であり、いのちの営みと、そのつながりを感じることができるように開かれてゆくものなのではないだろうか。

・本書掲載をご快諾下さったAさん、精神科診療所、ラ・ボルド病院の皆さん、先生方、ありがとうございました。

•※は筆者による挿入。

引用・参考文献

（1）Clinique de la Borde ホームページ　https://www.clubdelaborde.com/（二〇二〇年一〇月二九日アクセス）
（2）廣瀬浩司（二〇一六）．訳者あとがき．ジャン・ウリ『精神医学と制度精神療法』三七三-三八三．春秋社
（3）Jean Oury（2001）. Psychiatrie et Psychothérapie Institutionnelle.（ジャン・ウリ（二〇一六）．（三脇康生監訳）『精神医学と制度精神療法』春秋社）
（4）Jean Oury（2005）. Le Collectif; Le Séminaire de Sante-Anne, Champ social.（ジャン・ウリ（二〇一七）．（多賀茂・上尾真道・川村文重・武田宙也訳）『コレクティフ――サン・タンヌ病院におけるセミネール』月曜社）
（5）神田橋譲治（一九九〇）．『精神療法面接のコツ』誠信書房
（6）北岡美世香（二〇一一）．精神科デイケアと心理臨床面接の併用に関する実践的研究．『京都大学大学院教育学研究科紀要』五七、二九五-三〇八
（7）小森政嗣・長岡千賀（二〇一〇）．心理臨床対話におけるクライエントとカウンセラーの身体動作の関係：映像解析による予備的検討．『認知心理学研究』八（一）、一-九
（8）森岡正芳（一九九一）．見える枠と見えない枠．森谷寛之・酒木保他『心理臨床学の冒険』六七-八四．星和書店

（9）日本公衆衛生協会（二〇一八）．『我が国の精神保健福祉（精神保健福祉ハンドブック）平成二九年度版』日本公衆衛生協会
（10）米国精神医学会（二〇一四）．（日本精神神経学会日本語版用語監修、高橋三郎・大野裕監訳）『DSM-5精神疾患の診断・統計マニュアル』医学書院
（11）吉田圭吾（二〇〇〇）．心理療法における空間について：臨床的な知をめぐって（特集第四回発達科学シンポジウム論文集知のネットワーキング：その可能性とストラテジー）．『神戸大学発達科学部研究紀要』七（三）、七五-八九

参考図書

・塚崎直樹（一九九三）『精神科主治医の仕事——癒しはどのように実現されるのか』アニマ

統合失調症患者をはじめとする数多くの患者にまなざしを注いできた精神科医である筆者が、一人一人の患者と向き合い寄り添う「主治医」としての仕事がどのようなものであるのかを具体例と共に記している。

・田村尚子（二〇一二）『ソローニュの森』医学書院

ラ・ボルド病院を訪れ滞在した日本人の写真家田村尚子の作品。ラ・ボルド病院の景色、そこで過ごす人々、そこにある自然の写真には、その時間と空気感がうつしだされてる。美しい写真と文章、絵が添えられた一冊。

・ニコラ・フィリベール（二〇〇八）『すべての些細な事柄』株式会社バップ

ラ・ボルド病院で過ごす人々の日常を映したドキュメンタリー映画のDVD。フランスでは半年に及ぶロングランを記録した映画で、緩やかな時間を映像から感じることができ、何気ない日常を通して生きることに触れる作品。

第４章　老いの憂いを超える

権藤　恭之

１　はじめに

もし、自分が今できていることができなくなったら皆さんはどのように感じるだろうか。これまで不自由なくできていたことや、制約がなかったことに突然制約が課せられることになったら、どのような気持ちになるだろうか。きっと、悔しいとかむなしいとか寂しいといったネガティブな感情が沸き上がると想像できる。本章のテーマである「老い」にはネガティブなイメージが付きまとう。その理由は「老い」が喪失をもたらす現象であることだと言える。実際、高齢期について、若いころにあったさまざまな能力を失った状態だと考えている人も多いだろう。「老い」に伴う喪失は実際に幅広い領域で生じる。

浦島太郎は竜宮城から自分の村に帰ってきたとき、知っている人が誰もいなかった。これは、社会関係の喪失と言える。また、玉手箱を開けると、急激に老人になった。これは、身体機能の喪失である。見た目に関しても白髪になり、しわが増え、若いころのみずみずしさを喪失する。もしかしたら、認知機能も喪失していたかもしれない。読者の多くは「老い」をイメージするとき、浦島太郎が経験したように、突然年をとった自分を思い浮かべるだろう。しかし、実際には「老い」は、長い時間をかけて徐々に生じる変化である。したがって、「老い」は、喪失によって感情を揺さぶる現象ではあるが少しずつ生じる変化でもあるので、時間をかけて少しずつ適応することも可能だ。だからこそ、老いによって引き起こされるネガティブな感情は、想像以上に小さいと考えられる。老いに対して過剰にネガティブに捉える必要はないのかもしれない。といっても、「老い」に適応することは簡単ではない。そして、多くの人は老いに対してネガティブなイメージ中心のネガティブエイジングステレオタイプを持ち、できるだけ避けようとするのである。

どうして、多くの人が老いに対してネガティブなイメージを持つのだろうか。腰がまがり、髪の毛に白髪が混じり、しわが増える、といった見た目の問題なのだろうか。老いることは、死を意識させるからなのだろうか。認知機能が衰えると考えるからなのだろうか。友達が減って孤独になると想像するからなのだろうか。これらは、「老い」の一面を表していることは確かである。筆者は多くの人が「老い」を忌み嫌い、憂いる最も大きな理由は、「老い」の本当の姿を知らないからではないかと考えている。これは、青年期や中年期の人にだけ当てはまるわけではない。高齢者と呼ばれる年齢の人たちにとっても、さらに年齢が高くなった将来の姿を想像することは難しいものだ。もちろん、外見的特徴は、周りの高齢者をみるとある程度わかるが、「内面的特徴」つまり心理的な状態はなかなか窺い知ることはできない。話はそれるが、若い時期は特に、ネガティブな情報の方が認知的な処理が促進されやすいという特性がある[13]。どうしても「老い」のネガティブな側面に目が向きがちだと言える。さらに、「老い」には個人差が大きいという特徴もある。

「老い」は生理的側面、社会的側面とそれらに影響をうける心理的側面から構成される非常に複雑な現象である。このような現象を解明するためには、単独の学問領域からだけでなく、複数の学問領域からアプローチすることが必要である。「老い」に関する学問である老年学（Gerontology：ジェロントロジー）はその当初から学際的学問として発展してきた。これは人間科学が目指す文理融合の学問の枠組みと重複するものである。しかし残念ながら、多くの分野の研究を融合し理解することは容易ではない。筆者自身も研究の中で出会った高齢者の方々との交流による「老い」の実践知、心理学研究や生物学的研究による「老年学」の理論知を融合することで学際的なものの見方、考え方を発達させてきた。そこで、本章では、筆者のこれまでの経験を通した「老い」に対する理解と「老い」のイメージの変遷を紹介する。筆者の「老い」に関する学際的研究の経験が、「老い」への理解の促進へと転化し、「老いの憂い」を超えつつあるプロセスから、老年学研究の面白さを感じ取ってもらいたい。

2　老いについて考え始める

筆者が、高齢者の研究に携わることになったのは、東京都老人総合研究所という高齢者研究に特化した研究機関に助手として採用されたからである。それまで心理学といっても生理心理学という分野で、脳波を解析し、覚醒と睡眠、つまり意識があるときとないときの違いを脳波の特徴から弁別するという研究を行っていた。つまり、働き始めるまで「老い」の研究には全く縁がなかったのである。それまでの高齢者との接点といえば祖父母に可愛がってもらったことぐらいで、当然、高齢者の心理についての知識は全くなかった。老年学という言葉も、研究所の英語の名称が"Tokyo metropolitan institute of gerontology"であることから知ったくらいであった。そのような状態だったので研究所に勤め始めてから数年間は、当時の上司であった、下仲順子先生のはからいで、軽費老人ホームと呼ばれる自立した高齢者が共同生活をする施設に毎週通い、入居者の方たちとお話をさせてもらい、さまざまなことを学ぶ機会を与えられた。下仲先生が極めて優れた臨床家で、実践知の重要性を認識されていたからだろう。

軽費老人ホームには多様な社会経験をされた方が生活されていた。中規模の建設会社の社長をしておられた男性、独身で会社勤めをされていた女性、お子さんが施設の近くに住んでいるので、地方から転居して入所された女性、毎日息子さんの会社を手伝いに外出している女性、中には施設で二〇年も生活されている方もおられた。筆者はそこにお住まいの方々との交流を通し、老いというよりも人生について学ぶことができ、実践知の側面から「老い」の理解への第一歩を踏み出したと言える。そこでの経験を紹介する。

Iさんは入居されて二五年近くになる八〇代の男性だった。金融関係の仕事をしていて、東京の都心に住んでいたが、五五歳で退職後、夫婦でホームに入所したとのことだった。ずいぶん前に奥さんが亡くなり一人部屋に移って生活していた。男性の入居者は、夫婦部屋に入っている方以外はその方だけだったので、よくお部屋を訪ねてお話をした。江戸弁の口調も筆者には新鮮だったし、近所のカラオケ喫茶でいつも歌っているのだと楽しそうに話す笑顔も素敵だった。コーヒーが好きで、部屋を訪ねると必ずコーヒーを入れてくれた。その際、必ず小さなコーヒーカップに三～四個の角砂糖を入れてくれる。かなりの甘さだ。初めのうちは我慢して飲んでいたが、お付き合いさせてもらってから一年ほどたった時に、砂糖の量が多いので減らしてもらうようにお願いした。そうすると、とても残念がって、どうしてなのかと何度も聞かれるのだ。また、訪問するたびに、「君は砂糖少なくだったなあ」といつも確認されるのである。どうしてそんなに砂糖を勧めるのか不思議に思っていたのだが、ある時、昔は砂糖をたくさん入れるほど良いおもてなしだったと話してくれたのだ。一九九〇年に八〇歳だということは、一九一〇年くらいに生まれ、若い時に第二次世界大戦を経験し、食糧難の時代を過ごしてきたことになる。異なる時代を生きた高齢者とわれわれとは生活してきた環境が異なる。当然考え方や価値観が異なる。そのことを踏まえて高齢の方々を理解することが重要であることを認識する契機となったのである。

八〇代の女性Ｋさんも長期間施設で生活していた。よく廊下に立って庭に咲く花を見ているので、いつも廊下で立ち話をした。いつも庭を見つめていて何もする様子がなかったので、「趣味はないのですか」と尋ねた。Ｋさんは入所した六〇代のころは、絵をかいたり、刺繍をしたりしてきたけれど「もうあきた」と言う。それまで、ぼんやりと高齢者や高齢期を一つのまとまりとしてイメージしていた筆者には驚きであった。老いは高齢期に到達したことがゴールなのではなく、むしろ高齢期になってから死ぬまで続くプロセスとして捉えなければならないと考えるようになったのである。筆者は、現在、七〇歳から一〇〇歳まで高齢者の方々を対象に三年ごとに加齢変化を調査する、長期縦断研究を実施している。[7] そのようなアイデアのきっかけの一つが彼女との会話だったと言える。

入居者との面談の予約ができなかった時は、談話室で過ごしていた。だんだん顔見知りの方が増えてくると談話室にお茶やお菓子を持ってきてくれる方も出てきた。そして、きっかけは忘れたが、入居者の女性と時々麻雀をするようになったのである。筆者は大学生時代から麻雀をしていたので、高齢の女性に負けるわけがないと軽く考えていたのだが、実際は勝てなかった。何度も挑戦したが、勝てたのはほんの数回であった。考えてみれば当然だ。あちらは麻雀歴四〇年以上のベテラン、こちらは一〇年にも満たないのだから。不思議なことに、当時加齢に伴って獲得される能力の一つとして熟達化を研究していた知り合いがいたにも関わらず、筆者は、麻雀の負けとそのキーワードが関連付けられなかったのである。熟達化とは、仕事などで経験を積み重ねることで、技能が向上し高齢者の方が若年者よりもよい成績を上げることができる現象を指す。さらに、当時筆者は加齢に伴ってさまざまな認知過程の処理速度が低下するという全般的速度低下理論（General slowing theory）にもとづいて、高齢になるほど反応が遅くなるという研究をしていたことも影響したのであろう。もちろん当時から、加齢に伴い認知機能は一方向に低下するのではなく、維持される領域があるという知識はあった。ただ、それを凌駕するほど、筆者のネガティブなエイジングステレオタイプが頑強だったのである。

最後に七〇歳代の女性Ｃさんとの交流について紹介する。彼女は生涯独身で、ホームを終の棲家として選ばれていた。キリスト教の信仰があり、それを大切にされていた。そして、海外の子供たちに毎月少額の寄付を行っておられたのである。そして、時々寄付を受けた子供から届いたお礼の手紙を筆者に見せながら、嬉しそうに自分の寄付が子供たちの将来に生かされているのだと話してくれた。当時は、単純に尊敬の念を持っただけであったが、それ以来、高齢者と寄付という行為が気になってはいた。その後実家に帰った時に高齢の両親も同じように海外の若者のために寄付をしていたことを知る機会があった。しかしその時は、「特に裕福でもないのに少額ながらも寄付をする高齢者の行動を見ながら、寄付をする気持ちがわかない自分と高齢者との違いは何だろうか」とぼんやり考えていただけだったのである。

このような行動は、社会心理学では利他性として研究されるが、高齢者心理学では次世代のことを考え、次世代に働きかける行為である世代性の発達として捉える。後年、現職に就き、当時の大学院生たちと世代性を評価する心理尺度[14]を作成しているときにそのエピソードを思い出した。そして「無理のない範囲で寄付をしたい」という項目を二〇以上作成した質問項目文の一つとして提案したのである。分析の結果、この項目は、世代性を測定するために有用だということが確認され、完成した尺度に含められることになった。このような経験が、加齢に伴う「老い」のポジティブな側面を知る機会であっただけでなく、研究にも役立つことになったのである。一方、老いのネガティブな側面を垣間見る経験があったことも紹介しよう。施設という集団生活では、高齢者同士でのいがみ合いや、いじめもあったのだ。皆さん個室に住んでいたが、風呂トイレは共同で寮生活のような感じだったからかもしれない。高齢者が集まっていても集団行動の特徴は若い人たちとほとんど変わらないことを知ることもできたのである。

さて、高齢期には死別という多くの人にとってネガティブな影響をもつライフイベント経験が増加する。死別が及ぼす影響の複雑さを知ったのも、ホームでの経験であった。Cさんから聞いたある男性の話である。その男性は奥さんと死別したばかりで、気持ちが落ち込んでいて、よく電話をかけてきてそのつらい気持ちを話すとのことだった。ある日男性が「奥さんのご霊前に供えるご飯の炊き方がわからない」と泣きながらCさんに電話をしてきたという。高齢者心理学の教科書では配偶者との死別は最も衝撃があるライフイベントであること、死別には悲嘆のプロセスがあることや孤独感を生じさせる要因であると解説される。また、地域在住の一般の方々を対象とした研究の多くで、死別経験の影響は女性よりも男性の方が大きく、余命の差として現れることも報告されている(15)。その原因は男性の日常生活能力が低いことが余命の差に影響しているためであると考えられる。しかし、ご飯が炊けないことが、食事を通じた栄養摂取に関わるといった問題でなく、このように間接的に心の苦しみに影響することまでは当時の筆者には想像できなかったのである。一つの要因だけでなく、複雑な要因を想定して考えるという統合的なものの見方をするようになったきっかけであったと言える。

「老い」について何も知らなかった筆者であるが、数多くの高齢者の方とお話しできたことは、研究では抽象化して形式知として扱う概念を、より実践知として理解することに役立ったのである。研究所でデータを分析したり論文を読んだりするよりも、この経験から学ぶことの方が多かったように思う。ただし、この段階では、筆者自身のネガティブなエイジングステレオタイプの修正に役立ったものの、「老いの憂い」を超えるプロセスは発達し始めていなかったのである。

3　老いの憂いを超える可能性に出会う

筆者が老いの憂いを超える可能性に出会ったエピソードを紹介する。筆者は一九九九年から慶応義塾大学医学部の広瀬信義先生に誘われて百寿者（一〇〇歳以上の長寿者）の研究に携わることになった。広瀬先生がオーストラリアで開催された国際老年学会で、米国ジョージア大学老年学研究所のレオナルド・W・プーン博士と出会ったことがきっかけであった。プーン博士は米国での百寿者研究の父とも呼ばれる研究者で、筆者が研究所から派遣されジョージア大学に滞在していた時に、偶然にも第一回の国際百寿者研究会を主宰されたのである。筆者自身は一〇〇歳を超えた人たちを対象とした研究があることすら知らなかったので、研究会に参加しながらもその意義が理解できなかった。しかし、その偶然の産物として後年、広瀬先生に紹介されることになったのである。広瀬先生から電話がかかってきたとき、なんの迷いもなく研究チームに加わることを承諾したことが、筆者自身が老いの憂いを超える第一歩であった(8)。

筆者は研究チームに入って、調査の基盤づくりと認知機能の研究を主に担当した。調査では、参加の依頼に同意が得られた東京都二十三区在住の百寿者とその家族に面接を実施した(4)。広瀬先生たちは医学的な特徴や百寿者で特徴的にみられる遺伝形質の探索が研究の主目的であった。筆者は心理班のチームメンバーとして、百寿者の認知機能の特徴、幸福感、百寿者の性格傾向から長寿に関連する要因を探索することを目的として研究を行った。それまで認知機能に関する研究をしていたこともあり、研究班に参加した当初は百寿者の認知機能をどのようにして測定すれば正しく評価できるのかを研究していた。なぜなら百寿者の多くは認知機能が低下していて従来の認知機能検査を実施することが難しかったからである[5]。

さて、そのような研究をしていた時に新たな転機が筆者に訪れた。当時所属していた学会が企画した幸福に関するシンポジウムで、「長生きはしあわせか？」というタイトルで百寿者の幸福について発表してほしいと依頼されたのである[2]。それまで筆者は、認知機能に興味を持っていたので、百寿者の方々が幸せを感じているかということに関してほとんど注目していなかった。ただ、改めて問われると、家から出られないような状態で過ごしていても、寝たきりであっても、あまり悲壮感を漂わせた百寿者の方に会った記憶がないことに気づいた。むしろ穏やかに静かに生活しているという印象が強かったのである。

幸いなことに、調査では高齢者の主観的な幸福を評価する尺度であるPGCモラールスケール[12]を実施していたので、それを利用して報告することにした。当然、百寿者の方々の状態を評価するために比較対象が必要である。そこで、当時研究所で実施していた、中高年者を対象とした調査データと比較することにしたのである。その際に、百寿者の方は自立した日常生活を送ることができない人が多かったため、若い高齢者で同様に自立が難しいと考えられる高齢者のみを比較対象にした分析も行った。その結果、百寿者の方々の幸福感は維持されていることがわかったのである。もちろん、このような質問に回答できる百寿者は認知機能に問題がない方であるから、三年がかりのデータ収集がすべて終わった時点で分析可能なデータは、三一二名面接した中の九七名であったが、筆者にとっては大きな驚きだったのである。

その後、認知機能が保たれていて、より多くの回答を得ることができる、もう少し若い八五歳以上の超高齢者を対象に同様の調査を行い、身体機能の状態と幸福感が乖離することが確認できた(3)。しかし、その時はただ、体の機能の低下した状態でも、幸福を維持することができるという現象を見出しただけで、どうして超高齢の人たちが制限ある生活の中でも幸福感を維持できるのか、その背景にあるメカニズムに関して考察を進めることはできなかったのである。

4　老いの憂いを超える理論（老年的超越）に出会う

「長生きは幸せか」という問い対してある程度回答を得ることができたが、その背景にどのような心理的な変化があるのかを明らかにするためのアイデアがなく、しばらく研究を進められずにいた。その状態を「超える」きっかけは突然訪れた。ある日、研究所の広報誌の記事が目に入ったのである。そこには、スウェーデンのラーシュ・トレンスタム（一九四四年-二〇一六年）という社会老年学者が老年的超越（Gerotranscendence）という概念の新しい心理的発達の理論を提唱していることが書かれていたのである(6)。

老年的超越は、一九九四年に提唱され、日本でも二〇〇〇年代には八段階の社会発達モデルを提唱した発達心理学者のジョーン・M・エリクソン（一九〇三年?－一九九七年）が最後に執筆した書籍で紹介し、その翻訳版が出版されていた[1]。しかし、当時筆者は全国の一〇五歳以上の方たちを対象とした調査に携わり、長寿関連遺伝に興味を持って研究をしていたので、記事を読むまで恥ずかしながら老年的超越について全く知らなかった。ところが、記事を読み終えた瞬間に、これこそが筆者が知りたかったことだと確信したのだ。老年的超越では、世界に対する認識が加齢に伴って変化すると考える。トレンスタムは「物質主義的で合理的な世界観から、宇宙的、超越的、非合理的な世界観への変化」と定義している。具体的には、社会関係では、自分をよく見せようとする態度の減少がみられ、若者が持ちがちな自己中心性や自尊心のよい意味での低下が生じる。そして宇宙的意識の高まりと呼ばれる、思考の中に時間や空間の壁がなくなり、意識が自由に過去や未来と行き来する状態を経験するようになる。これらの変化を総称して老年的超越と呼ぶ[10]。百寿者のような超高齢者にとって生物学的に規定される体の機能状態の低下は、不可逆的で抗えない現象とだと言える。そのような状態の下でも幸福感が維持できる要因として老年的超越の発達は最も有力な候補だと考えられたのである。

記事は筆者と同じフロアに位置する異なる研究部門でリーダーを務めていた高橋龍太郎先生の手によるものであった。高橋先生は医師であったが哲学にも造詣が深く、幅広い視点で高齢期の研究をされていたので、老年的超越という難解な概念に興味を持たれたのであろう。それまでほとんどお話しする機会はなかったのだが、ちょうど研究所で部門再編が行われるタイミングだったために、高橋先生を訪ね、一緒に研究したいと申し出たのである。その後、高橋先生が退職されるまで一緒に研究させていただき、老年的超越の尺度を作成した(9)。

5　知らない間に老いの憂いを超えた人達と出会っていた

時間は前後するが、老年的超越という概念に出会う前、先に述べたように筆者は全国の一〇五歳以上の方々の調査に関わり、ある意味回り道とはなったが、人口学的な研究、遺伝子の研究に携わり、学際的な視点を広める機会に恵まれた。一方、超高齢者の幸福感の背景にある心理的な要因に関する研究は進めることができずにいた。ところが、振り返ると、その間に多くの百寿者に出会い、数多くの貴重な経験をしていたのである。二つのケースを紹介する。

まず、Mさんである。Mさんは女性で研究所からあまり遠くないところに、娘さんと二人で住んでいた。とても元気だったので、一〇〇歳の時に初めて研究に参加してくれた後も、MRIの撮影をしたり、二時間近くかかる知能テストを受けてもらったり、「百歳百話」という百寿者の人生を紹介した本で自分のエピソードを紹介してもらったり、大学生との交流プログラムに参加してもらったりした。その後しばらくはお会いする機会がなかったが、一〇五歳を機に追跡調査のために訪問すると、何度か軽い脳梗塞を起こし、車いすが必要になっていた。調査では、以前にも質問したPGCモラールスケールに回答してもらった。PGCモラールスケールには一七の問いがあるが、その中に「生きていても仕方がないと思うことはありますか」という項目がある。筆者は「このようにお元気でない方に尋ねると落ち込まれたりしないか」と思い、質問するのを躊躇したのだが、結局Mさんにそのまま尋ねた。すると、Mさんは、始めに「そうですね」とおっしゃった。その瞬間「このような質問をするべきではなかった」とすこし後悔した。ところが、続けて少し笑いながら「しかたがないってこともないけど、いればね、やっぱり子供の話し相手にダメながらもね……いなくなったら話もできなくなっちゃう」と続けられたのだ。

もう一人は一〇五歳の男性Oさんである。自宅を訪ねると、自分の寝室からダイニングまで歩いてこられたので、元気な方だと思った。実際は、疲れやすいので食事以外の時間は、ほとんどベッドの中で過ごしているとのことだった。認知機能は高く保たれていて、昔の電車の切符のコレクションや自宅に落ちた焼夷弾のかけらなどを見せてもらったり、生い立ちや仕事のことなどとても興味深い話を聞いたりすることができた。その時、筆者は純粋に「こんなにしっかりされているので、ベッド上で時間を過ごすのはさぞかし退屈だろう」と思い、そう尋ねた。すると、「退屈はしない、昔作った歌（仕事の関係である会社の社歌の詞を書いたことがあるとのこと）を何回も繰り返して歌ったり、昔よくやっていた史跡を訪問した時のことなどを思い出したりしているから」とおっしゃるのだ。当時は、どうして、元気とは言えない二人がこのように答えることができるのかよく理解できず、そのままにしていたのであるが、老年的超越理論を理解するようになると、二人の発言が理解できるようになったのである。

６　老いの憂いを超える秘密に迫る

老年的超越の研究に際して重要なのは、概念を理解し、概念を定義し、測定可能にすることである。さまざまな方法でアプローチ可能であるが、筆者たちは百寿者や超高齢者を対象とした調査経験から、身体機能の低下が生じる超高齢者で老年的超越の特徴が顕在化すると考えた。そして、あまり健康状態が良くない超高齢者の方々を対象としたインタビューを行うことにしたのである。先に紹介したエリクソンの著書の中で、九〇歳を超えて自らの身体的虚弱を経験し、その状態を受け入れる第九段階といえる新たな心理的な発達を経験したと述べていたこと、さらに、理論的には不完全ながらも、トレンスタムが提案した老年的超越が、自らが経験した、第九段階目の発達に相当する可能性を指摘していたこともその選択の理由であった。

トレンスタムの考え方の背景にユングなどの精神分析的なアプローチや禅仏教の考え方が反映されていたために、その概念を理解するために仏教に関して書かれた平易な書物も読んだ。

最も印象的だった解説は、サンスクリット語の物質という言葉は、同時に壊れゆくものであるとの記述であった。仏教では生と死を区切りのないものだと考えるそうだ。生と死はある瞬間に交代するのではなく、生（八〇パーセント）死（二〇パーセント）から生（二〇パーセント）死（八〇パーセント）、そして生（〇パーセント）死（一〇〇パーセント）と両者が異なった重みをもって同時に存在していると考えるのである。つまり物質は存在しながら存在しない無と同じ意味を持つ。このような考え方は、インタビューの結果を整理する際に大いに役立った。あの世もこの世も、現実世界も仮想世界も物質世界も精神世界もその間に明確な区切りがない状態にあると考えると、超高齢者の語りの内容が納得しやすくなったのである。われわれは現実の強固な物質世界で生きている。ところが、加齢に伴って結びつきが緩やかであいまいな非物質的世界に生きるようになる。これが老年的超越と呼ばれる変化の中核にあると理解したのである。

ここでは、超高齢者の方々の語りをいくつか紹介する。朝目が覚めると、「あっ、今日も生きててよかった」と感じるという話はよく聞く。まさに、生の中に死の割合が高くなっていると感じていることが表現されていると言えよう。九〇歳を超えた筆者の大学時代の恩師、宮田洋先生が話されていたことであるが、朝起きると「今日も頑張んで——、でもゆっくりとな」と声に出すそうだ。頑張るというエネルギーに満ちた積極性と、ゆっくりというやや消極的な表現が混在している。正しいことと間違ったことにも境界はなくなるかもしれない。九〇歳の女性は、「自分は若い人の結婚相手を紹介することをずっとやってきて、自分が紹介する人は絶対間違いがないとおもってきたけれど、今は自分の判断に自信が持てなくなりやらなくなった」と話した。時空の境界に関しても同じことが言える。公園で遊んでいる親子を見ると、祖先から子孫へのつながりを感じると話す方がいた。また、別の方は、そのような親子と自分が何らかのつながりがあると感じるとおっしゃった。先に紹介したOさんだけでなく、比較的多くの方が話すことであるが、昔のことを明確に思い出せたり、死んだ人のことを身近に感じたり、という話も、時間に境がなくなると説明できる。筆者たちは現実の世界に生きているが、老年的超越の傾向が高い人は、目に見えない大きな力や自然、あの世といった目に見えない非現実との距離が近くなっているようだ。重要なのは、これらの話をされた方は認知症ではないということである。また、必ずしも自分の中で起きている変化を説明できないわけでもない。九〇歳の女性は、「若い時自分は不細工ですごく嫌だったけど、年をとってしわだらけになったので、そんなことを考えなくていいので今が一番いい」と話された。「老い」ることは単純に年を重ねることでない。さまざまな状況の変化にしなやかに適応できる機能を発達させながら変化することなのである。このように、若い人ではなかなか考えないようなことを超高齢者の方から聞く機会を持てたことで、高齢者研究に携わる前に持っていた筆者自身の「老いの憂い」も、老いを経験することへの期待へと変化しているのである。

7　おわりに

ここまで、老いを憂いていた一人の若者が、学際的な高齢期の研究を通じ、人間は生涯を通して老年的超越を発達させることで、老いの憂いを超えることができるのではないかと考えるようになった経緯を紹介した。しかし、筆者の心の変化と比較して、検証データの蓄積は少ないと言わざるを得ない。特に、なぜ老年的超越という変化が生じるのか、そのメカニズムに関しては研究すら始まっていない。この壁を超えるためには老年学、行動学の基本に立ち返って学際的なアプローチを取ることが必要であろう。また、筆者たちの研究は、現段階では若い年齢の人と高齢者を比較したものが多いので、年齢差、もしかしたら育った時代によって生じた世代差を検出しただけなのかもしれない。老年的超越の発達を証明するには長期にわたる縦断的研究の成果が待たれる[11]。さらに、筆者自身、老いのポジティブな側面の理解が進んだとはいえ、それでもまだ年を取ることに抵抗があるのも事実である。超高齢者がますます増えるこれからの長寿社会においては、一人でも多くの人が老いの憂いを超えることができる情報を提供することが必要である。そのためにさらに老いのポジティブな側面に注目した研究を続ける必要があると考えている。

ただし確かなことが一つだけある。若い人たちの視点からは、老いに伴うさまざまな喪失は「憂える」ことだと結論づけられる。しかし、実際には「老い」という徐々に生じる変化に対して人間はうまく適応できる。つまり、老いは、長い時間をかけて老いの憂いを超える過程だといえるのである。

引用文献

（1）E. H. エリクソン・J. M. エリクソン（二〇〇一）.（村瀬孝雄・近藤邦夫訳）『ライフサイクル、その完結。増補版』みすず書房

（2）権藤恭之（二〇〇二）. 長生きはしあわせか――東京百寿者調査からの知見――. 行動科学. 四一. 三五-四四.

（3）権藤恭之・古名丈人・小林江里香（二〇〇五）. 超高齢期における身体的機能の低下と心理的適応――板橋区超高齢者訪問悉皆調査の結果から. 老年社会科学. 二七. 三二七-三三八.

（4）Gondo, Y., Hirose, N., Arai, Y., Inagaki, H., Masui, Y., Yamamura, K., et al.（2006）. Functional status of centenarians in Tokyo, Japan: developing better phenotypes of exceptional longevity. The journals of gerontology. Series A, Biological sciences and medical sciences, 61; 305–310.

（5）Gondo, Y., Masui, Y., Inagaki, H., and Hirose, Y.（2014）. How do we measure cognitive function in the oldest old? A new framework for questionnaire assessment of dementia prevalence in centenarians, In L. G. Nilsson, & N. Ohta（Eds.）, Demantia and memory,（pp97–109）, New York: Psychological Press.

（6）権藤恭之（二〇一六）. 百寿者から学ぶ健康長寿とは. 日本心理学会監修、長田久雄・箱田裕司（編）『超高齢社会を生きる――老いに寄り添う心理学――』シリーズ心理学叢書（三七-五二）. 誠信書房

（7）権藤恭之（二〇一八）．高齢者の「こころ」と「からだ」の健康に関する要因の探索――SONIC研究の成果から――．心身医学．五八．三九七-四〇二．
（8）権藤恭之（二〇一八）．百寿者の国際共同研究の目的と成果．日本老年医学会雑誌．五五（四）．五七〇-五七七．
（9）増井幸恵・中川威・権藤恭之（二〇一一）．日本版老年的超越質問紙改訂版の妥当性および信頼性の検討．老年社会科学．三五．四九-五九．
（10）増井幸恵（二〇一六）．老年医学の展望 老年的超越．日本老年医学会雑誌．一五．二一〇-二一四．
（11）増井幸恵・権藤恭之・中川威・小川まどか・石岡良子・蔡羽淳・安元佐織・小野口航・高山緑・稲垣宏樹（二〇一八）．前期高齢者における老年的超越の発達に対する介護経験の影響――ＳＯＮＩＣ研究七〇歳コホート六年間の縦断データを用いた検討――．日本心理学会第八二回大会報告
（12）古谷野亘（一九八九）．ＰＧＣモラール スケールの構造-最近の改定作業がもたらしたもの．社会老年学．二九．六四-七四．
（13）Nouchi R.（2012）. The effect of aging on the memory enhancement of the survival judgment task. Japanese Psychological Research, 54: 210–217.
（14）田渕恵（二〇一八）．「老い」と次世代を支える心．心理学ワールド．八二号．https://psych.or.jp/publication/world082/
（15）Shor E, Roelfs D. J, Curreli M, Clemow L, Burg M. M, Schwartz J. E.（2012）. Widowhood and mortality: a meta-analysis and meta-regression. Demography. 49: 575–606.

参考図書

・佐藤眞一・権藤恭之編（二〇一六）『よくわかる高齢者心理学』ミネルヴァ書房

人間科学研究科臨床死生学・老年行動学講座の出身者が中心となり，執筆した高齢者心理学のトピックスを取り上げ解説した書籍である。幅広いトピックが網羅されており，高齢者心理学の全体像を把握するのに有用である。

・ラーシュ・トーンスタム（二〇一七）（冨澤公子・タカハシ マサミ訳）『老年的超越――歳を重ねる幸福感の世界――』晃洋書房

Tornstam, L. (2005). Gerotranscendence: A Developmental Theory Of Positive Aging. の翻訳。トレンスタム自身が行ってきた研究を中心に老年的超越に関する考え方および実際の研究データにもとづいた検証を紹介した書籍の翻訳本である。彼が老年的超越に関してどのように考えていたのかが理解できる。

・権藤恭之編（二〇〇七）『高齢者心理学』朝倉書店

すこし古い本ではあるが，高齢者心理学の領域を網羅的に取り上げた教科書。心理学を中心に老年学を学ぶための基礎的な研究知見が解説されている。初学者には最適の書である。

第2部

合理化された予測可能な〈いま・ここ〉を越える・超える

第5章　呪術を理解する　文化人類学的アプローチ

白川　千尋

1　はじめに

三〇年近く前、オーストラリアの北東に点在する約八〇の島々からなる熱帯の島国ヴァヌアツ（図5-1）で、青年海外協力隊員としてマラリア対策に携わっていたときのことである。血便混じりのひどい下痢と腹痛に見舞われた。病院でみてもらったところ、アメーバ赤痢かジアルジア症だろうとの診断を受けた。どちらも病原体の含まれた飲食物をとることで感染する病気である。しかし、処方された薬を飲み続けたものの一向に良くならない。そればかりか何を食べても嘔吐するようになり、体重が一〇キロ近く減ってしまった。

そんなある日、病状を聞いて心配したヴァヌアツ人の友人が、現地の伝統医療の治療師を伴っ

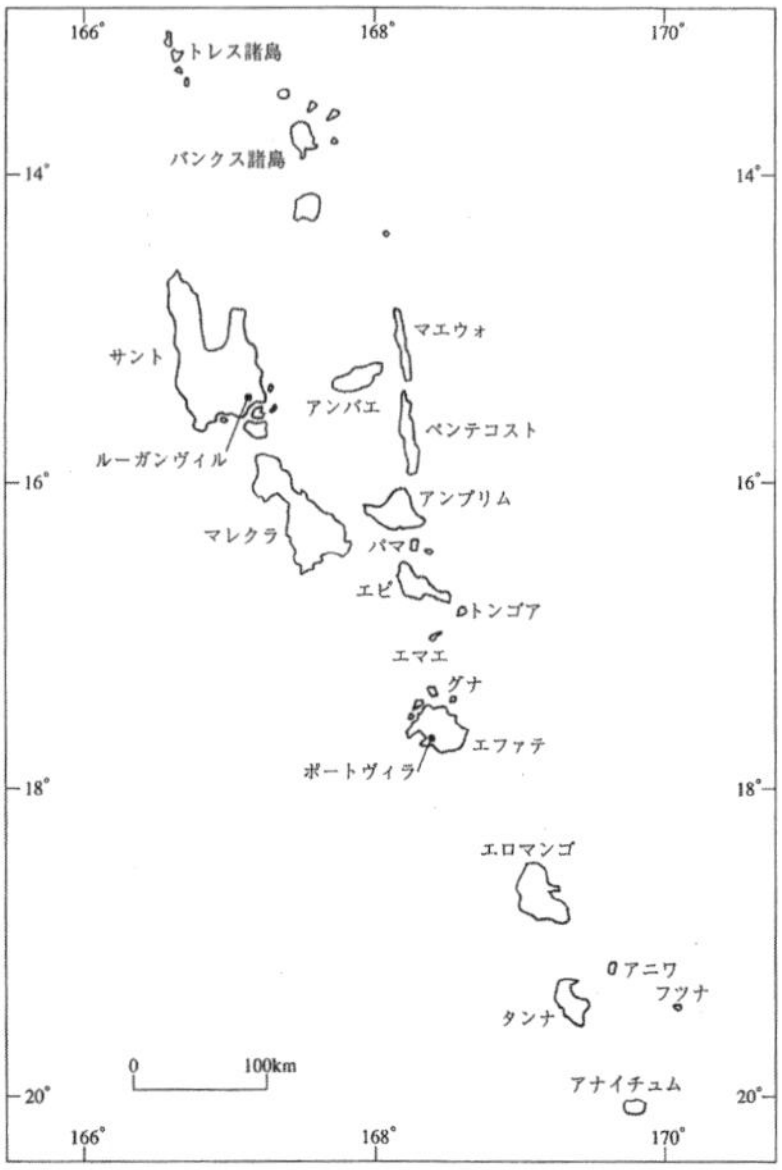

図5-1　ヴァヌアツ地図

（『カストム・メレシン―オセアニア民間医療の人類学的研究』風響社、2001年、p.23より転載。）

て訪ねてきた。病院でみてもらっているにもかかわらず良くならないとすると、病気は病院では対処できない霊や邪術によって引き起こされている可能性がある。手遅れにならないうちに、そうした病気に対処できる治療師にみてもらった方が良い。そう考えてわざわざ連れて来てくれたのだ。

　私の知るヴァヌアツの治療師たちは、患者の病気を診断したり治療したりするときに呪文を使うことが多い。また、夜、眠っている間にみた夢にもとづいて病気の原因を特定する。こうした手法は一見すると非科学的なものや呪術的なものにみえるかもしれない。

加えて、治療師たちは夢の内容を踏まえて、しばしば患者の病気が邪術によるものであると診断する（邪術や呪術といった語の意味については後ほど説明する）。邪術は特定の者に悪意をもつ者が、呪物を秘かに相手の飲食物に入れたり、吹き矢のようなもので吹きつけたり、はたまた相手の食べ物や衣服の一部を木の洞に埋めるなどして仕掛けるとされ、標的となった者は病気になり、最悪の場合、死に至るという。こうした邪術なども また非科学的なものや呪術的なものと捉えられることが多いだろう。

ところで、人間に関する総合的な学問である人間科学のなかで、私の専門とする文化人類学は主に人間の文化や社会を研究の対象としてきた学問である。そこでは呪術も文化の要素の一つと捉えられ、重要な研究対象となってきた。研究するからには、対象をはっきりとさせるための定義が必要である。文化人類学では、呪術は「通常の作用や能力によらず超越的力に働きかけて、特定の現象を目的的に引き起こすための行為または知識」などと定義されている[5]（四四四頁）。また、ここでいう超越的力（通常の域を超えた常ならざる力）の代表的なものとして、別の定義では神や霊といった超自然的な存在の行使する力が挙げられている[12]（三五四頁）。

本書のタイトルは「越える・超える」だが、本章では以上のような通常の域を超えた力、自然を超えた力と深く関係する呪術について取り上げる。もう少し具体的にいうと、私の専門とする文化人類学が呪術をどのように理解しようとしてきたのか、その代表的な例を紹介し、私の研究対象地の一つであるヴァヌアツの事例にもとづきながら、それをめぐって補足的な考察を加えてみたい。

先の定義にもとづくならば、呪術には、ヴァヌアツの治療師が使う呪文や夢による病気の原因の特定方法、邪術などから、祈り、占い、願掛け、験担《げんかつ》ぎ、厄払いのような儀礼などまで、実にさまざまなものが含まれる。それらを眺めてみると、呪術は日本から遠く離れたヴァヌアツのような異国の地だけに存在する珍奇な文化などではなく、私たちの周りにもみられる身近なものであることがわかる。ただし、限られた紙幅のなかでそれらすべてを視野に入れた考察を行うことはできない（もとより紙幅の余裕があったとしても私には不可能だが）。そこで、本章では呪術のなかでもとくに、超越的・超自然的な力によって特定の者を病気にしたり、死に至らしめたりする行為や知識を念頭に置いて論を進めることにしたい。

藁《わら》人形に五寸釘を打ち込む日本の丑三《うしみ》つ参りをはじめとして、こうした行為や知識は文化人類学では邪術や妖術と呼ばれてきた。この二つの語のうち、邪術は学習などによって後天的に習得され、意図的に使われる行為や知識を指す語として、また妖術は血縁などを通じて先天的に受け継がれ、無意識のうちに使われるものを指す語として、区別して使われることがある。(2)本章でもこれにならって二つの語を使うことにする。

2　呪術と「なぜの問い」

邪術や妖術を含む呪術に関する先駆的な研究を行った文化人類学者に、一九世紀後半から二〇世紀前半にかけて活躍したジェームズ・フレイザー（一八五四年–一九四一年）がいる。彼は世界各地の膨大な事例の検討を踏まえて、「〇〇すれば××になる」といった法則的な考え方にもとづき、特定の目的を達成するために使われるという点で、呪術には科学と共通する側面があると指摘した。しかし同時に、そのような共通点がみられるとはいえ、呪術を支える考え方は非科学的なものであるとし、呪術を「誤った科学」であるとも位置づけた(3)（一二六–一四七頁）。「誤った科学」としての呪術は科学の浸透とともに衰退したり、消滅してゆくものとみられていた(10)。しかし、占いや願掛け、験担ぎをはじめとして、私たちの周りに呪術に類するものが少なからずみられることを思い起こせばわかるように、現実は必ずしもそのようにはなっていない。では、なぜ呪術は存在し続けているのだろうか。

フレイザー以降の文化人類学者たちはこの問いを研究上の主な問いの一つとし、その答えを探究してきた。この際、文化人類学者たちは呪術を科学的な視点から「誤った科学」やたんなる迷信などと性急に位置づけてしまう前に、まず自分の研究の対象とする文化や社会の担い手である人々の視点から捉えようとした。また、そのために、人々と長期間にわたって生活をともにし、現地語を習得しながら綿密なフィールドワーク（現地調査）を行うことで、実証的なデータを収集した。こうした視点や手法は、現代の文化人類学を特徴づける重要な要素となっている。ちなみに、フレイザーはフィールドワークをしておらず、文献から得た情報などを使って研究を行っていた。

フレイザー以降に行われた文化人類学的呪術研究の歴史のなかで忘れることのできない研究者に、エドワード・E・エヴァンズ＝プリチャード（一九〇二年―一九七三年）がいる。彼は、南スーダンのアザンデという民族の妖術をめぐってフィールドワークを行った。そして、人々が病気や死をはじめとする不幸について語るときにしばしば引き合いに出す妖術を、不幸の説明原理と位置づけた。

アザンデ人の村には穀物を蓄えておく貯蔵庫がある。貯蔵庫は二階建てだが、一階の部分は支柱だけの高床式になっており、熱帯の灼熱の日差しが照りつける日中には風通しの良い日陰となる。このため貯蔵庫の下には涼を求めて人々がやって来る。しかし、シロアリの食害でもろくなった支柱が折れ、下に居た者が巻き込まれて怪我をしてしまうことがある。

人々はこうした倒壊事故がシロアリの食害によって起きることをよく理解している。つまり、貯蔵庫がどのようにして倒壊したかを十分に把握している。しかし、なぜ特定の人物が居合わせたまさにそのときに、ほかでもないその貯蔵庫が倒壊したのかという問いが浮上した場合はどうだろうか。これは特定の者、時間、場所などがなぜ一致したのかを問う問いである。

そうした一致はたまたま起きたもの、偶然の一致としかいいようがないものであり、はっきりした要因など求めようがないのかもしれない。しかし、エヴァンズ＝プリチャードは、このような「なぜの問い」に答えるものとして、アザンデの人々は妖術を引き合いに出すのだと結論づけた。つまり、特定の人物が居合わせたまさにそのときに、ほかでもないその貯蔵庫が倒壊したのは、その人物を快く思わない者などの妖術のせいであるというわけである。この点で、人々にとって妖術とは、偶然の一致に過ぎないようにみえる不幸の要因を説明するものと言える。それは、どのようにして不幸が起きたのかではなく、なぜそれが特定の時間に特定の場所で特定の者に降りかからざるを得なかったのか、その必然性を説明するものなのだ[(1)(2)]。

エヴァンズ＝プリチャードの議論は文化人類学者たちの間で大いに説得力のあるものとして受け入れられ、それを発展させる形で多くの研究や議論が行われた。例えば、病気などの不幸の要因は一般に、どのようにしてそれが生じたかという問いに対応する（説明する、答える）ものと、アザンデ人の妖術のようになぜ生じたかという問いに対応するものの二つの種類に分けることができるとの指摘がなされ、前者は直接的要因、後者は究極的要因などと呼ばれるようになった。また、究極的要因にはもっぱら邪術や妖術、霊といった超自然的存在が関係するのに対して、直接的要因には飲食物や体液、熱といった超自然的存在とは関係のないものが関わるとの整理がなされたりもした[(6)]。

さらに、こうした議論の延長線上で、邪術や妖術をはじめとする呪術と科学の違いをめぐる議論なども展開された。例えば次のような議論がある。科学の一分野である生物医学は、病気が起きる仕組みを詳細に解き明かしてきた。その豊かな知見は人間がどのようにして病気になるのかを説明してくれる。つまり、病気をめぐる「どのようにしての問い」に答えるものである。しかしながら、なぜ特定の人物が特定の状況で特定の病気になってしまったのかという問いが投げかけられた場合、生物医学や科学は偶然の一致であるとする以外、それには答えてくれない。これに対して、呪術はその人物がその状況でその病気になってしまったこと、病気にならざるを得なかったことの必然性を説明する。そうすることによって「なぜの問い」に対する答えを提示するのである[(8)(11)]。

以上のような議論は、科学の浸透に伴って呪術が衰退したり、消滅してゆくという見方に反して、呪術が存在し続ける理由を説明するものともなっている。呪術は科学が答えない問い、「なぜの問い」に答えてくれる存在である。それとまったく無縁な人生を送る者などおそらくいないはずだ。誰もが自分や近しい者が不幸に見舞われたときなどに、そうした問いを発したことが一度や二度はあるだろう。そうである以上、呪術もまた存在し続ける。つまり、呪術は、「どのようにしての問い」にもっぱら対応する科学とは守備範囲を異ならせ、いわば棲み分ける形で並存しているのである。このようにして、エヴァンズ＝プリチャード以降の研究や議論では、呪術は決して科学の劣化版のような「誤った科学」などではなく、科学とは異なる形であるとはいえ、それもまた人間の生活のなかで不可欠な役割を果たしており、それゆえに存在し続けているのだ、と指摘されてきた。

3　科学と「なぜの問い」

さて、前節では、呪術をめぐる文化人類学的理解の代表的な例の一つを（非常に大雑把に）紹介したが、果たしてどうだろう。それは十分に納得できるものだろうか。

アザンデ人の妖術に関してエヴァンズ＝プリチャードが行ったように、呪術が引き合いに出される実際の状況に関する具体的な描写を伴いながら、「科学＝どのようにしての問いに対応するもの」、「呪術＝なぜの問いに対応するもの」といった指摘がなされる場合、それは一定の説得力をもつようにみえる。しかし、そのような指摘が実際の状況に関する説明がないまま一般論の形で提示されたならば、次のような素朴な疑問がわいてくるのではないだろうか。呪術だけでなく、科学もまた「なぜの問い」に答えることができるのではないか、と。この点について、私にとって馴染み深いマラリアの例を使いながらもう少し具体的に説明してみよう。

マラリアは熱帯や亜熱帯を中心として世界の多くの国々に分布する熱病で、年間二億人以上が罹患し、四〇万人以上が死亡しているとされる。生物医学的・科学的にいえば、マラリア原虫という病原体によって引き起こされる感染症で、ハマダラカという夜行性の蚊によって媒介される。その感染の大まかなプロセスは次のとおりである。

マラリア原虫はハマダラカが人間を吸血しているとき、その唾液腺から人体に侵入する。そして、まず肝細胞のなかで増殖し、続いて血液中の赤血球のなかに入り込む。その後、一定数に増えた原虫は寄生していた赤血球を壊して別の赤血球に侵入し、そこでまた増殖する。マラリアの典型的な症状である発熱は、増えた原虫が赤血球を破壊するときに起きる。また、血液中の原虫は蚊の吸血時に血液とともに再び蚊の体内に取り込まれ、そこでも増殖する。そして、この蚊が別の人間を吸血したときにその人体へと入り込む。こうして新たな感染が生み出されてゆく。

このごく簡単な説明はマラリア原虫の動きに着目した生物医学的な説明である。ただし、その内容からもわかるように、マラリアの感染が起きるためにはマラリア原虫だけでなく、それを媒介するハマダラカや、マラリア原虫の寄生先（宿主）となる人間に関係する条件なども整っていなければならない。したがって、先の説明には本来ならば、例えばハマダラカの生息環境やマラリア原虫に対する人間の免疫機構に関する説明なども加えられている必要がある。しかし、たくさんの省略があるものの、先の生物医学的な説明は、どのようにしてマラリアの感染が起きるかを説明するもの、言い換えれば、マラリアの感染をめぐる「どのようにしての問い」に答えるものとなっている。

翻って「なぜの問い」についてはどうだろうか。例えば日本のようにマラリアのない地域で暮らしており、この病気のことをまったく知らない男性が、ある日発熱したとしよう。彼は風邪でもひいたのかと思い、手持ちの風邪薬を飲んでみる。しかし、効果がない。そこで病院を訪れ、診察してくれた医師に尋ねる。「風邪薬を飲んでいるのですが効きません。なぜでしょうか」。血液検査の結果、男性の血液からはマラリア原虫が検出された。医師は彼の問いに答えていう。「風邪薬が効かないのはマラリアに罹っているためです。それでは治らないのでマラリアの薬をお出しします」。

しかし、マラリアについて何も知らなかった男性は疑問をもつ。「なぜ自分はそんな病気に罹ってしまったのだろうか」。これに対して、問診を通じて彼が発症の数週間前にマラリア流行地に旅行していたことを知った医師は、次のように答える。「熱が出る前に滞在されていた旅行先がマラリアの流行地だったのです。旅行中に蚊に刺されませんでしたか。マラリアは蚊に刺されることで感染します。流行地で蚊に刺されたからマラリアに罹ってしまったんですよ」。そして、先述した生物医学的な説明などによりつつ、マラリアの感染プロセスを具体的に解説する。

ところが、男性には別の疑問がわいてくる。「一緒に旅行した家族も蚊に刺されていた。なのになぜ自分だけマラリアに罹ってしまったのだろうか」。この新たな疑問に対して医師は次のように答える。「ほかの方々は日中、蚊に刺されていませんでしたか。しかし、患者さんは夜も刺されたのではないでしょうか。蚊にはいろいろな種類がありますが、マラリアを媒介するハマダラカは夜行性で、日中活動する別の種類の蚊に刺されてもマラリアにはなりません。また、ほかの方々は日中は軽装でも、夜は長袖に長ズボン、靴下といった肌の露出の少ない格好だったのではないでしょうか。それに対して、患者さんは夜も蚊に刺されやすい軽装だったので、一人だけマラリアに罹ってしまったのでしょう」。

少し長くなってしまったが、これは私が考えた架空の例である。この例でマラリアに罹った男性は医師に次々と「なぜの問い」を投げかけている。それに対して、医師はマラリアに関する生物医学的・科学的な知識にもとづいて説明を行っている。これらの説明はいずれも「なぜの問い」に対する答えになっているのではないだろうか。私はこの架空の例一つをとって、科学はあらゆる「なぜの問い」に答えられるなどと主張するつもりはない。しかし、この例からは、「科学＝どのようにしての問いに対応するもの」、「呪術＝なぜの問いに対応するもの」といった指摘を一般論の形で提示することが、問題含みであることはわかるだろう。

4　「どのようにしての問い」と「なぜの問い」

ところで、そもそも「どのようにしての問い」と「なぜの問い」にはどのような違いがあるのだろうか。文化人類学者の浜本満がとても参考になる議論をしているので、それについてみてみよう。[4]

浜本は「どのようにしての問い」（彼の議論では「『いかに』の問い」という語も使われている）と「なぜの問い」の関係について、次のように述べている。「ここで注意していただきたいのは、「なぜ」の問いに対して常に、「いかに」の問いに対する答えと全く別の事柄がもち出されるというわけではない点だ。それは「いかに」の問いに対する答えに含まれている部分集合を指定するだけかもしれない。その場合「なぜ」の問いに対する答えに含まれているのは、すでに「いかに」の語りに含まれているか、そこに含意されているような事実だけなのである」[4]（八八頁）。

ここではまず、「どのようにしての問い」と「なぜの問い」に共通する側面があることが指摘されている。特定のものごと（現象や出来事など）をめぐって提起される「どのようにしての問い」と「なぜの問い」に対する答えは、必ずしも互いに異なる要素から成り立っているのではない。どちらの問いにも、同じような要素を用いた語りや説明によって答えることができるというわけだ。

このことは前節で取り上げた架空の例からもわかる。件の男性が医師に対して「自分はどのようにしてマラリアになってしまったのでしょうか」と尋ねた場合、医師はマラリアの感染プロセスに関する生物医学的な説明などを使って答えるだろう。一方、男性が「自分はなぜマラリアになってしまったのでしょうか」と質問したならば、医師は架空の例のなかでみたように「マラリアの流行地で蚊に刺されたからです」と答えるかもしれないし、もっと詳しく「マラリア原虫をもったハマダラカに刺されたことで、蚊の唾液腺から原虫が体内に入り込み、赤血球のなかなどで増殖してしまったからです」などと答えるかもしれない。

どちらにせよ、これらの答えの内容は、「どのようにしての問い」に対する答えとして提示されるマラリアの感染プロセスに関する説明と重なるものである。このように、生物医学や科学は、特定のものごとに関する「どのようにしての問い」に答えられるならば、同じものごとをめぐって「なぜの問い」が投げかけられた場合、「どのようにしての問い」に対する答えのなかで語られている内容や使われている要素を用いることで、答えとなり得るような語りや説明を提示できるのである。

では、こうした共通する側面がみられる一方で、「どのようにしての問い」と「なぜの問い」にはいかなる違いがあるのだろうか。「どのようにしての問い」をめぐって浜本は次のように述べている。「『いかに・どのようにして』の問いに対して語られるのは、事の成り行き、出来事の経緯そのものなのであり、それは（出来事の）「原因」についての語りではないのである。そこには「原因」として言及されることになる要素ももちろん含まれてはいるが、それ以外にも、話し手によって関与的と見なされた諸要素が細大漏らさずもりこまれているはずである（括弧内、白川による補足）」[4]（八七頁）。つまり、「どのようにしての問い」に対する答えでは、特定のものごとの経緯が語られる。その反面、それが起きた要因についてははっきりと指し示されない。

一方、浜本は「なぜの問い」について、問いを発する側が答える側に対して、特定のものごとの経緯を構成するさまざまな要素や事実などのうち、「特定の事実を（「原因」として）有意味指定することを求めることによって、その答えにより明確な物語としての骨組みを要求する問いである（括弧内、白川による補足）」としている[4]（八八頁）。つまり、特定のものごとに関する「なぜの問い」は、そのものごとが起きた要因が何であるか、問いを発する側が答える側にはっきりと指し示すことを強く求める問いである。したがって、前節の架空の例で医師が男性に対して行っていた説明のように、この問いに対する答えでは、ものごとのたんなる経緯ではなく、それが起きた要因が明示される（「有意味指定」される）ことになる。

また、そのように、問いを発する側が答える側にものごとの生じた要因をはっきりと指し示すことを求めるものであるため、「なぜの問い」には問いを発する側の関心や願望、期待が色濃く表れることになる。同じような指摘は哲学者の中島義道なども行っているが(7)（一六〇―一七〇頁）、この点について浜本は「なぜの問い」では「人称性」が顕在化すると述べている(4)（八九頁）。人称性がわかりにくければ当事者性と呼んでも良いだろう。いずれにしろ、「どのようにしての問い」に比べて「なぜの問い」では、ものごとの要因に関するはっきりとした語りや説明が求められており、それに伴って、「なぜの問い」には問いを発する側の関心などが強く反映されることになる。

浜本によれば、「どのようにしての問い」と「なぜの問い」には以上のような違いがある。こうした違い、とりわけ「なぜの問い」には問いを発する側の関心や願望、期待が色濃く表れているということを踏まえるならば、特定の語りや説明が「なぜの問い」に対する答えになっているかどうか判断する場合、次のような点に注意を払うことが不可欠だろう。「なぜの問い」を発する側は何を答えに期待しているのか。どのようなことに関心をもち、いかなる願望をもっているのか。答えとして提示される語りや説明はそれらに十分応じたものとなっているか。こうした点を無視したまま、科学や呪術が「なぜの問い」に答えられる、あるいは答えられない、と一概にいってしまうことにはそもそも無理があると言える。

5　科学では対応できない事態を超える

科学的なものにしろ呪術的なものにしろ、特定の語りや説明が「なぜの問い」を発する側の関心や願望、期待に応えるものとなっているかどうか、適切に判断するためには、問いを発する側の問いをめぐる関心などがどのような状況のもとで生まれたものなのか、その具体的な背景をしっかりと理解しておく必要がある。第三節で取り上げた架空の例の男性が、医師に対して「なぜの問い」を次々と投げかけていたように、「なぜの問い」を発する側は、ある場合には科学的な答えを期待して問いを投げかけていることもあろう。しかし、科学的な答えなど端から期待しないで問いを発している場合、あるいは科学によらない答えが示されることに関心をもっていたり、望んでいたりする場合もあるかもしれない。

この点について、ヴァヌアツの病気に関する事例を取り上げながらもう少し具体的に述べておこう。私が青年海外協力隊員としてマラリア対策に携わっていたときに暮らしていたのは、首都のポートヴィラという街だった。その一地区に住む四〇人ほどを対象として、過去数年間に罹った病気とその経過を語ってもらうというインタビューを行ったことがある。専門的には病歴調査などと呼ばれているもので、その結果、六〇あまりの事例が集まった(9)（六五―六八頁）。

ポートヴィラの人口は当時一万五〇〇〇人ほど（現在は三万人強）で、日本の基準からすれば非常に小さな街である。しかし、首都だけあって、国内のほかの地域に比べると医療をめぐる環境は充実しており、国内最大の国立病院などが立地している。この病院をはじめとして国立の医療機関では、当時の国の政策により、診察費や薬代などが無料だった。このため、常に混んでいて待ち時間が長いのが欠点ではあったが、地元の人々は自分や家族の体調が悪くなると、まずは最寄りの国立の病院や診療所などを利用しているようだった。

インタビューの結果、集まった事例にもそうした傾向が認められた。もとよりインタビューの対象とした人々の暮らす地区は国立病院の隣にあり、歩いてすぐアクセスできる。そのこともあって、多くの事例で人々は何らかの症状に見舞われると、まず国立病院を利用するなどして対処しようとしていた。そして、症状がなくなってしまえば、その要因に対して関心をもつこともとくにないようだった。

しかし、処方された薬を飲んだりしたものの、相変わらず症状がなくならなかったり、逆に悪くなったりすると、要因に関心を向けるようになる。病院でみてもらったのになぜ良くならないのだろうかというわけである。そして、自分の病気は病院では対処できないものではないか、より正確にいえば、病院で使われている生物医学にもとづく近代医療では対処できない要因が関わっているのではないかと考え、伝統医療の治療師を訪ねていた。本章の冒頭で取り上げた私の病気の例も、まさに同じようなプロセスをたどっている。

治療師たちは診察費や治療費をとらない。患者が自発的に手土産のようなものを持参することはあるが、診察や治療などはすべて無料である。したがって、私の知る治療師たちは皆、治療師としての活動によって生計を立ててはおらず、ほかの職業に就いていたり、主婦だったりする。私の病気をみてくれた治療師もかつては小学校の教員をしていた。このように治療師にみてもらう場合、費用はかからない。また、ポートヴィラには治療師として知られる者がたくさんいる。インタビューの対象とした人々の暮らす地区にも何人かおり、隣の国立病院と同じくすぐにアクセスできる。集まった事例では、多くの人々が病院などの近代医療とともに伝統医療の治療師も利用していたが、その背景には以上のような費用やアクセス面でのハードルの低さがある。

治療師のもとを訪れるとき患者は、近代医療を利用しているにもかかわらず、なぜ病気が一向に治らないのだろうかという疑問、すなわち「なぜの問い」をもっている。また、病気の要因に対する関心や、事態を何とかして良くしたいという願望、あるいは要因を明らかにし、病気を治してほしいという治療師に対する期待を抱いてもいる。こうした関心や願望、期待のもとでは、生物医学的・科学的な答えは最初から求められていない。

そのような患者に対して、治療師は夢の内容にもとづいて病気の要因を特定し、薬草を処方したり治療儀礼を行ったりすることで病気に対処する。このときに治療師が病気の要因として多く挙げるものの一つが邪術である。アザンデ人の妖術の場合と同じように、ヴァヌアツの人々の間で邪術は、病気や死などの不幸が起きたときに引き合いに出されることが多い。また、邪術や霊によって引き起こされた病気は、病院などの近代医療では治すことができないとされている。こうしたなかで、治療師の対処後、病状が改善した場合、先に挙げたような患者の関心や願望、期待は満たされたことになる。また、患者が抱いていた「なぜの問い」に対しても、「病院を利用していたにもかかわらず病気が治らなかったのは、病院では対処できない邪術が要因だったからだ」という答えが示されたことになる。

この点を踏まえるならば、アザンデ人の妖術に関してエヴァンズ＝プリチャードが指摘したように、ヴァヌアツの邪術もまた不幸の説明原理として理解することができるだろう。ただし、邪術による語りや説明が常に患者の「なぜの問い」に答えられるわけではない。治療師が病気の要因を邪術とし、それに対する措置を行ったものの、病状が良くならず、患者が再び病院の治療に戻るといった例も珍しくないからだ。こうした例では、邪術による語りや説明は患者にとって「なぜの問い」に答えるものとはなっていない可能性がある。したがって、ヴァヌアツの邪術に関していえば、「邪術＝なぜの問いに対応する（説明する、答える）もの」と一般化して位置づけることはできない。そのように言える場合もあれば、言えない場合もある。

インタビューの事例にもとづくならば、「邪術＝なぜの問いに対応するもの」と言える場合、患者がまず病院などの近代医療で治ることを期待し、それを利用していたという前段階がある。しかし、病状は良くならず、期待した結果は得られない。それでも何とかして事態を打開したいという願望のもと、患者は伝統医療の治療師を訪ねている。

このように、科学（生物医学）に立脚した近代医療への当初の期待が満たされず、その期待が新たに伝統医療の治療師に向けられている場合、そしてさらに治療師がそれに応えるような結果を出した（と捉えられた）場合に、「邪術＝なぜの問いに対応するもの」と捉えられるのである。この点からは、「邪術＝なぜの問いに対応するもの」という捉え方や評価が、科学に対する捉え方や評価との関係のなかで形づくられていることがわかる。患者が科学に対する当初の期待を失いつつあるなか、それでも自分の置かれた状況を何とか良くしたいという願望や期待を抱くとき、それに応えるものの一つとして邪術は引き合いに出されるのだ。

ヴァヌアツの病気の事例からは、呪術の一つである邪術が科学と決して無縁なものではなく、むしろそれとの関係のなかでこそ理解しなければならないものであることがわかる。科学では対応できない事態を何とか打開し、超えてゆきたい。せめてその手掛かりを得たい。科学ではいかんともしがたい状況を超えることへのそうした願望や期待。それらと邪術は深く関係している。そのような思いを人々が抱き続けるかぎり、邪術もまた存在し続けるのではないだろうか。

6　おわりに

ところで、本章の冒頭で取り上げた私の病気のエピソードは途中で終わっていた。時を戻そう。友人の連れてきた治療師にみてもらったところ、私の病気は邪術ではなく、ある島に棲む霊によるものであることが判明した。島には症状が出る直前にマラリア対策の活動で出張していた。どうやらこのとき、その棲処に足を踏み入れてしまったらしい。棲処は何の変哲もない森のようなところで、私は知らずに立ち入ってしまったようだが、それに怒った霊が病気をもたらしたのである。この説明を治療師から聞いたとき、友人は「やっぱり！」という表情を浮かべていた。冒頭でも触れたように、当初から私の病気が病院では対処できない霊や邪術によって引き起こされたものではないかと考えていたからだ。そうした関心や期待に違わぬ結果が出たのである。

病気の要因がわかった後、治療師から薬草のジュースを飲むよう勧められた。霊による病気に効果があるとのことだった。コップに入った青汁のような液体を前にして、これを飲んだらかえって下痢と腹痛がひどくなるのではないかと不安になった。が、蛮勇をふるい、治療師と友人のみている前で目をつぶって一気に飲み干した。

二日後、私を苦しめていた症状はすっかり消えていた。そのことを知った友人は快復を喜ぶとともに、自分の連れてきた治療師が期待通りの仕事をしてくれたことに、しごく満足そうだった。では、私自身はこの顛末をどのように捉えたのか。それはまた別の機会に触れることにしよう。

引用文献

（1）Evans-Pritchard, E. E.（1935）. Witchcraft. *Africa*, 8（4）: 417–422.

（2）E. E. エヴァンズ＝プリチャード（二〇〇一）．（向井元子訳）『アザンデ人の世界――妖術・託宣・呪術』みすず書房

（3）J. G. フレイザー（一九五一）．（永橋卓介訳）『金枝篇（一）』岩波書店

（4）浜本満（一九八九）．不幸の出来事――不幸の語りにおける「原因」と「非・原因」．吉田禎吾（編）『異文化の解読』．五五-九二　平河出版社

（5）川田牧人（二〇〇九）．呪術．日本文化人類学会（編）『文化人類学事典』．四四四-四四五　丸善

（6）Morley, P.（1979）. Culture and the cognitive world of traditional medical beliefs: Some preliminary considerations. In P. Morley and R. Wallis（Eds.）, *Culture and curing: Anthropological perspectives on traditional medical beliefs and practices*（1–18）. Pittsburgh: University of Pittsburgh Press.

（7）中島義道（二〇〇一）．『哲学の教科書』講談社

（8）波平恵美子（一九八四）．『病気と治療の文化人類学』海鳴社

（9）白川千尋（二〇一五）．『南太平洋の伝統医療とむきあう――マラリア対策の現場から』臨川書店

（10）M. ヴェーバー（一九八二）．（大塚久雄・生松敬三訳）『宗教社会論選』みすず書房

（11）吉田禎吾（一九七二）．『日本の憑きもの――社会人類学的考察』中央公論新社
（12）吉田禎吾（一九八七）．呪術．石川栄吉ほか（編）『文化人類学事典』，三五四―三五五　弘文堂

参考図書

・エドワード・エヴァン・エヴァンズ＝プリチャード（二〇〇一）（向井元子訳）『アザンデ人の世界――妖術・託宣・呪術』みすず書房

本章でも紹介した南スーダンのアザンデ人の呪術や妖術に関するエヴァンズ＝プリチャードの代表的研究。フィールドワークにもとづく文化人類学的呪術研究の初期の傑作の一つであり、今も繰り返し読み継がれている名著。

・川田牧人・白川千尋・飯田卓編（二〇二〇）『現代世界の呪術――文化人類学的探究』春風社

呪術が過去の遺物などではなく、現代世界のなかでむしろ活性化しつつある背景に、物質性や感覚経験などに着目しながら迫ろうとした論文集。一六本の所収論文からは、世界各地の多様な事例と最新の研究動向を知ることができる。

・白川千尋（二〇一五）『南太平洋の伝統医療とむきあう――マラリア対策の現場から』臨川書店

文化人類学のフィールドワークについて、その具体的なあり方や研究成果との結びつきなどを、私の経験を事例としてわかりやすく描いた一般向けの本。本章で触れた私の病気のエピソードやヴァヌアツの伝統医療などについても詳しく取り上げている。

第6章　世俗を超える

川端　亮

1　パウロの回心

サウロが旅をしてダマスコに近づいたとき、突然、天からの光が彼の周りを照らした。サウロは地に倒れ、「サウル、サウル、なぜ、わたしを迫害するのか」と呼びかける声を聞いた。「主よ、あなたはどなたですか」と言うと、答えがあった。「わたしは、あなたが迫害しているイエスである。起きて町に入れ。そうすれば、あなたのなすべきことが知らされる。」

（使徒言行録　九：三―六）(4)

これは世界でもっとも有名な回心体験談である。イエスが十字架にかけられて刑死したのち、キリスト教がまだ宗教教団として確立する以前、ユダヤ名でサウロであるパウロは、イエスの信徒たちを過酷に取り締まっていた。つまり熱心なユダヤ教徒サウロは、発生期のキリスト教を徹底的に「迫害」する立場であった。その彼に突然、回心が起こるのである。

サウロは地面から起き上がって、目を開けたが、何も見えなかった。人々は彼の手を引いてダマスコに連れて行った。サウロは三日間、目が見えず、食べも飲みもしなかった。

（使徒言行録　九：八－九）(4)

一方でダマスコのアナニアという弟子は、主イエスから、ユダの家に行って、そこにいる今は祈っているサウロの目が元どおり見えるように、彼の手の上に自分の手を置くようにと言われる。

アナニアは出かけて行ってユダの家に入り、サウロの上に手を置いて言った。「兄弟サウル、あなたがここへ来る途中に現れてくださった主イエスは、あなたが元どおり目が見えるようになり、また、聖霊で満たされるようにと、わたしをお遣わしになったのです。」すると、たちまち目からうろこのようなものが落ち、サウロは、元どおり見えるようになった。そこで、身を起こして洗礼を受け、食事をして元気を取り戻した。

（使徒言行録　九：一七－一九）(4)

キリスト教徒となったパウロは、この後、小アジアやマケドニアなどのローマ帝国内でキリスト教を広めていくのだが、パウロの回心がなければ、キリスト教はパレスチナの一つの民族宗教にとどまり、現在、世界で三分の一の人々が信仰するほど広まる普遍宗教とならなかったかもしれない。回心体験はこの世俗の世界を超越し、人が信仰に入るために、重要な体験である。そこには超越体験を伴うことが多い。神がかりなどの超越体験は、さまざまな分野で研究されてきた。直感的には超越体験は人間の精神の奥深いところの無意識領域の心理的なものによって生じると考えられるだろう。人間科学が包摂する深層心理学、精神病理学、さらには生理学的な研究が扱う対象である。しかしその一方で、心の奥底は観察しづらい。科学の対象として客観的にみるのは簡単ではない。本章では、人間科学の中でよく使われる質的データの分析方法の中の、専門的分析方法の一つであるナラティヴ分析という方法を用いて、回心を経験した人が語る言葉を分析して、「超越する」体験を理解してみたい。

2　キリスト教の回心体験

キリスト教を迫害する立場から神の啓示を受けて、迫害を受けてもキリスト教を伝道する立場への一八〇度の転換を見せ、キリスト教の基礎を作ったとさえいえるパウロ。西洋絵画で数多く描かれるパウロは、回心体験の典型例である。とはいえパウロは、新約聖書の著者の一人でもあり、その体験はきわめて特異な例だと思われるかもしれない。目が見えなくなったり、また見えたりというのは、昨今では珍しい体験かもしれないが、神の存在を知る、感じるという体験は、キリスト教ではよく見られるようである。

次の例はユダヤ系フランス人が、一八四二年、二九歳の時にカトリックに回心した例である。彼は聖書も他の宗教書も一度も開いたことがなく、常識として知っていてもおかしくない原罪についても知らないほどの無宗教の人間だった。

（私は）聖堂のなかへ入ってみた。サン・アンドレア聖堂は貧弱で、小さくて、空っぽであった。そこにはほとんど私一人がいたきりだったと思う。…（中略）…考えにふけっている私の前を、真黒の犬が一匹、あちこち走ったり転んだりしていたのを、思い出せるだけである。突然、犬が姿を消していた。聖堂全体が消え去っていた。私にはもうなにも見えなかった。……というより、もっと正しく言えば、私は、おお、わが神よ、たった一つのものだけを見たのであった。

いったい、どうして私にそれを語ることができよう？　とんでもない！　あの名状しがたいものは、人間の言葉などで言いあらわすことはできない。どんなに崇高な描写をしても、あの言いがたい真理を冒瀆するだけのことであろう。

私はわれを忘れ、涙にくれて、床の上にひれ伏していた。…（中略）…ついに私は自分の胸の上にかけていたメダルを取って、そこにある恩寵にかがやく聖母の像に私の全霊をこめて接吻した。おお、ほんとに、それは聖母であった！　ほんとうに聖母マリアであった！
（三三六―三三七）(3)

このような回心の例はキリスト教では多いが、日本人にはなかなかピンとこない。なぜなら、キリスト教の神は、存在したり、光だったり、声だったりするが、人の形をせず、突然存在するというのが一因である。キリスト教をよく知らない人は、イエス・キリストを神のように思っているかもしれない。だがイエスは神の子である。人間に生まれたイエスは、人の形として現れることもある。そして、イエスの父が神である。さて、イエスの父はどんな姿をしているのか、思い浮かぶだろうか。神は人の形をしていない。だから姿形がない。『聖☆おにいさん』という漫画をご存じだろうか。ブッダとイエスが東京都立川市のアパートで暮らすという設定の漫画である。NHKで実写化もされたので、ある程度の人気を得た漫画といえるだろう。すなわち、多くの日本人が理解しているキリスト教をディフォルメしている漫画といえるだろう。イエスの母（マリア）はもちろん人間として描かれている。イエスの父もときどき登場するが、人の形はしていない。しゃべるときは白い鳩の姿で、存在は人の影として描かれている。(5) 鳩は聖書では神ではなく聖霊の象徴として描かれることがあるが、神ではない。イエスと神を同じように考えたり、聖霊と神を区別しなかったり、神を具象化してしまうのが日本人の感覚である。逆に言うと人のような姿をとらないと神が存在することが理解できないのが日本人なのである。

もう一つ、キリスト教の例を紹介しよう。これは父が聖職者である人の体験談である。

> オクスフォードを卒業してから私の回心までの間、私は八年間も父といっしょに生活をしていたのに、父の教会の敷居を一度もまたいだことがなかった。必要な金銭は新聞や雑誌の執筆で手に入れて、その金銭を、いっしょに飲もうという相手がいたら誰とでもいっしょに大酒盛りをやって消費してしまった。こうして私はときには一週間もぶっつづけて酔って暮らすことがあったが、そのあとで恐ろしい後悔におそわれ、まる一ヵ月間も一滴の酒も飲まないのであった。
>
> この期間中、すなわち、三三歳になるまで、私は一度も宗教的な理由で改心しようという願いなどいだかなかった。しかし私の心のすべての苦しみは私が大酒盛りをやったあとでいつも感じた恐ろしい悔恨のせいであった。その悔恨は、私が——すぐれた才能をもち教育のある人間なのに——そういうふうに自分の生活を浪費する愚かさを悔いるという形をとったのである。…（中略）…
>
> 私は七月のある暑い日（一八八六年七月一三日）の午後三時きっかりに、私の父の牧師館の私の寝室で回心した。…（中略）…ここで、神が私に面と向かって出会いたもうたのであった。この出会いを私は決して忘れないだろう。…（中略）…私の目に見えはしなかったけれども、私の寝室に別の存《だ》在《れ》かがいるのを私は感じつづけていた。静けさは驚くばかりであった。そして私は幸福のきわみにあるのを感じた。私には一瞬のうちに、私がいままで一度も永遠者に触れたことがなかったことが、き

わめて明白に知られた。そしてもし私がそのときに死んだら、私は滅びずにはすまないということが、私には疑いの余地もなく明らかであった。私は滅びていた。それを私は、いま私が救われていることを知っているのと同じように、知っていた。神の御霊が、言いがたく聖なる愛によって、それを私に示したもうたのである。（三二九―三三二）[3]

宗教を分析し、理解する上で、文化の影響が大きいことは言うまでもない。一〇〇年以上前の欧米のキリスト教の回心体験は、当時のキリスト教に色濃く彩られており、キリスト教が浸透していない現代日本においては、そこに現れる神の存在や神の働きは、多くの日本人に戸惑いをもたらすものである。これらの体験談は、日本人にとっては信憑性のない形で、ただ言葉として並べられているだけと感じるのではないだろうか。

現代日本はキリスト教文化が根付いていない。とくにキリスト教の原罪の意識、来世での救いは、非キリスト教徒の日本人には心の底から実感しにくいものであろう。そこで、次に日本の新宗教における回心過程を検討したい。現世主義にもとづくご利益信仰を特徴とする日本人の信仰心においては、これまで見たキリスト教の回心の体験談とは大きく異なる体験が語られる。

3　剥奪《はくだつ》理論とご利益信仰

なぜ人は世俗の日常生活からそれを超えて宗教に入るのだろうか。宗教研究では、入信にかかわる理論として、「剥奪《はくだつ》理論」が考えられてきた。人は剥奪状態にあるときに宗教に入るという理論である。剥奪状態とは、病気や貧困、人間関係の不和などの状態をさす。よい状態から健康が奪われた状態が病気と考える。人は剥奪から脱しようとする。そのときに神仏などの聖なるものに助けられて脱出できると入信の大きなきっかけとなる。パウロも目が見えない状態から祈ることでイエスからアナニアにお告げがあり、アナニアの祈りで目からうろこのようなものが落ちて、再び目が見えるようになったのである。これがご利益の体験談の典型である。

ご利益体験は、世俗の世界で苦しんで過ごしてきた人々にとっては、まさにありがたい出来事であり、信仰を始めるきっかけとなる。聖なるものの力で、世俗の世界での困難を打破し、その結果熱心に信仰するようになったという記述は、体験談の根幹である。本当にそれが神仏の力によるものかどうかは別として、本人が、それが聖なるものの力の結果だと信じていれば、それによって入信することは不思議ではないだろう。

宗教の体験談の場合、基本的には剥奪状況からの回復の物語といえる。これを日本でよく言われる起承転結の物語になぞらえてみよう。宗教の体験談の場合、起承転結の〈起〉は不幸な状況の記述である。体験談では剥奪状況は具体的な不幸、困難として記述される。つづいて、宗教的な祈りや参拝、教団が定める儀礼などを実践する段階が〈承〉である。そして何かが起こる。これをとりあえず〈転〉とする。そして最後にそれらの帰結であり、これまでの体験を振り返ったものが〈結〉となる。

このご利益体験談はわかりやすい。しかしながら、体験談においては、ご利益はなかったのに信仰が強まったというパターンもしばしば見られるのである。信仰を持たない、宗教の外にいる人間にとっては、これは、極めて非合理で理解しがたい。このような体験談が成立することを分析することは、人がどのような場合に「超越」できるのかを探る大きな手がかりとなる。以下は創価学会の機関誌『大白蓮華』に掲載された体験談である。なお、括弧の説明は、創価学会の用語の筆者による注である。

「尽くす心」

「御本尊（祈りの対象）への確信がないから、そんな無慈悲で冷たいことが言えるんです」。折伏《しゃくぶく》（学会員でない人に布教すること）の重要性を感じていなかった私を強く諌めてくれた先輩。「確信をつかむ唱題（創価学会の基本の修行方法で「南無妙法蓮華経」を繰り返し唱えること）に挑戦しなさい」と。

先輩の心が理解できず、泣きながら家に帰った。私のどこが冷たいのか、わかりたくて必死に祈るうちに、それまでの自分の信心の姿勢を見つめることができた。

信心に励む両親のもと、六人姉兄の末っ子として生まれた。勤行（創価学会の基本の修行方法で定められたお経を朝晩唱えること）や活動（創価学会の組織活動）をするのは当たり前。鼓笛隊（創価学会の活動の一つ）にも入った。でも、いつも心のどこかに、〝やらされている〟という思いがあった。受け身の信心だったんだ――。そう気づいたとき、生命の底から、御本尊への確信をつかんでみたいと思った。

一時間、二時間と真剣に祈る日々が続くさなか、同乗していた車が大事故に遭った。右目を支えるほとんどの骨が砕け、眼球は陥没。医師からは失明の宣告をうけた。しかし、私の右目は見えた。誰が見ても即死と思う事故から守られた。

幾度か手術を重ねたが、もと通りには治らないと分かった。諦めきれず、死んだ方がよかったと泣いて過ごしていた私に「宿命転換するために折伏しよう」と先輩は何度も足を運び、励ましてくれた。自分がこんなに苦しいのに他人のことなど、と思った時、かつて先輩から言われた「冷たい」「無慈悲」の言葉が浮かんだ。初めて本気で折伏に挑戦。お世話になった看護婦の方への御本尊授与の日のこと（折伏できたこと）は忘れられない。

その二年後、目の不自由な私にも「あなたにしかできない使命が必ずあるから！」と先輩に励まされて職を探し、福祉の仕事で社会復帰することができた。

お年寄りや障害者の方と関わり、組織で部員と関わるなかで、相手のことを祈れる自分になれた時、あんなに悩んだ目のことも気にならなくなっていた。就職して十一年を迎えた今、目がもとに戻らなかったことも、信心を求め抜く自分になるためだった、と心から思えるようになった。

「生命を大事にする」ということは、人に尽くし切っていく生き方だと実感する。生命がもつ無限の力を開かせてくれるからだ。そのこと教えてくださったのは、池田先生（創価学会第三代会長池田大作）だ。福祉の仕事、学会の世界で「人に尽くす心」を鍛えさせていただいていることに、感謝の思いは尽きない。

これからも、一日一日を広宣流布（創価学会の教えを世界に広めていくこと）のために生命を使い切っていきたい。それが、励まし続けてくれた先輩、同志、家族、今は亡き父と信心を教えてくれた母への孝行であり、師匠への報恩だからだ。（四九）[1]

この体験談は、物語としてみると、少し奇妙な形で始まっている。時系列的には三段落目の「信心に励む両親のもと、六人姉兄の末っ子として生まれた。勤行や活動をするのは当たり前。鼓笛隊にも入った。でも、いつも心のどこかに、〝やらされている〟という思いがあった。」という状況が最初にあって、それから冒頭の先輩の言葉につながる。つまり、時間の順番通りに記述されていない。物語の基本は時間の順に従って述べるものであり、時間順に語る方が、わかりやすい。その意味で、この体験談の始まりは、奇妙である。なぜであろうか。それに意味はあるのだろうか。

そしてこの例では、信仰をしていない状況から始まるのではなく、すでにある程度の信仰がある状態から始まる〈起〉。これは二世信者（親が宗教に入信し、その子供で誕生時からその宗教の信者である場合）によくみられる状態といえるだろう。そして〈承〉も通例とは異なる。信仰にかかわる行動を継続する経験が語られるところであるが、ここでは世俗の交通事故で右目が失明するかもしれない重症状態から、治療していく過程が語られる。そして、失明は免れたものの、「幾度か手術を重ね」ても「目の不自由な私」であった。

社会福祉の仕事で社会に復帰したのが〈転〉である。これにより、「あんなに悩んだ目のことも気にならなくなっていた」とある。つまり、けがが治ったわけではなかった。しかし、肉体的な目のことではなく、「『人に尽くす心』を鍛えさせていただいていることに、感謝の思いは尽きない。」これが〈結〉の肝心な部分である。

この体験談は、信仰のない人の目から見れば、けがも治らないのに信仰を続けているように読める。しかしそれでは読者はご利益もないのに信仰を続けることが納得できないだろう。結果として、健康な身体を取り戻した、というお話ではなく、福祉の仕事に携わることで、「人に尽くす心」を学び、「人に尽くし切っていく生き方」で「生命を大事にする」ことを知るというご利益が得られたのだと読んでみよう。それは交通事故で瀕死の重傷から回復して命の大事さを知ったともいえるだろう。しかしここでは具体的世俗的なことだけを表しているのではない。そこには宗教的な意味が重ねられている。命を大事にすること＝生命が持つ無限の力が開かれる。これが創価学会の本尊の力である。「ご本尊への確信」は冒頭に書かれている。「御本尊への確信」を求める状況〈起〉から、本気で折伏するなどの信仰活動をつづけた〈承〉の結果、福祉の仕事に就いて「相手のことを祈れる自分になれた時」〈転〉が訪れる。その結果、「生命を大事にする」「人に尽くす生き方」を知り、「あんなに悩んだ目のことも気にならなくなって」「御本尊への確信」をつかむのである〈結〉。このように読めば、最初に示された願いは、最後にかなえられている。その結びつきをわかりやすく物語とするために、冒頭の部分が時間の順序という法則を破って、倒置された構成になっているのである。

4　ご利益願望の意図せざる結果

一人の人の信仰の過程の最初の段階でご利益がもたらされることは、その人が信仰に入る大きなきっかけになると思われる。最初の段階でご利益がないと、人はなかなか信仰に入らない、入ってもすぐに唱題を辞めるという結果になるだろう。しかしながら、最初にご利益があり、入信して、さらにある程度の期間信仰を続けても、さらによい結果がもたらされるとは限らない。病気の人を祈ってもすべての場合に完全に治癒すると断言するのは、合理的に考えれば難しい。そのような場合にも〈転〉はある。次も創価学会の体験談である（スペースの都合で、一部の改行をとって、詰めている）。

「あの人がいてくれた」

私が五歳の時、母は父と離婚、そのままどこかへ行ってしまいました。その後、祖母と父、妹と私の四人で暮らすようになりました。しばらくして、父は暇さえあれば、酒を飲むようになっていきました。酒が進むにつれ、だんだんと言葉遣いが乱暴になり、物を投げたり、暴れたりするようになるのです。

やがて父は食事もせず、仕事にも行かず、それこそ朝から晩まで酒浸りに。祖母も、このままでは心身共にダメになると思ったのか、父を強制的に入院させました。しばらく療養した後、父は退院してきました。以前の優しい父でした。「もう、飲まない」。父は心から反省していました。なのに…。気がつくと、父はまた酒に手を出していました。結果、また病院送りに。そんなことが何度も繰り返されました。

父が嫌いになり、憎むようになり、いなくなればいいと思うようになりました。そのころの私を支配していたもの。それは「あきらめ」でした。父を置いて、どこかに逃げたいと思うけれど、現実から逃げることなどできるわけがありません。つらくて、悲しいけれど、自分ではどうすることもできませんでした。

夢も希望もありませんでした。父は精神病院に入退院を繰り返しました。この先ずっと関わらなければいけないのです。「一体、何のために生きているんだろう?」そんなこと、ばかり考えるようになりました。

高校二年の時でした。わが家の現状を見かねて、父の同級生だという、下道さんご夫妻が、折伏に来てくれ、こう言うのです。「信心すれば、お父さんは必ず酒を飲まなくなるよ」と。うれしくなって、私は即答しました。「その信心、やります」と。理屈などどうでもよかったのです。頼りになる確かなものがほしかったのです。

私が入会したことに、祖母も親戚も猛反対し、大変な騒ぎとなりました。そんな私を、下道さん夫妻は全力で励ましてくれました。「大丈夫、絶対、幸せになれるから」学校が終わると、毎日のように、下道さんのお宅に伺い、一緒に題目をあげました。

入会から一〇〇日たった時、驚くことが起きました。「ずっと神棚に祈ってきたけど、何もいいことがなかった。その信心、私もやってみる」と、祖母が入会を申し出たのです。「現実というのは変えられるものなんだ」。あきらめに支配されていた私の心に、ほんのりと希望の火がともった瞬間でした。

その後も、下道さん宅に通い、学校のこと、父のこと、将来のことなど、いろんなことを相談しました。下道さんは、親身になって私の話に耳を傾け、力強く励ましてくれました。私の心は、少しずつ前向きになっていきました。下道さんの励ましのおかげで、創価大学の通信教育部を経て、平成三年から小学校の教員になることもできました。平成七年には結婚することもできました。

しかし、父が酒をやめることだけは叶いませんでした。父はずっと酒を手放さず、入退院を繰り返していたのです。

入会から一〇年たった日のことでした。しんしんと題目をあげながら、父のことを考えていました。「もし、このまま父が死んでしまったら」そう思った途端、父はなんて寂しい人生なんだろう。と、涙が止めどなく溢れてきたのです。あんなに嫌っていた父なのに…私は初めて、心の底から祈りました。「父さん、幸せになって」と。

その直後でした。退院してきた父が、私にこう言ったのです。「もう酒を飲みたいと思わなくなった」と。

この日以降、父は酒をピタリとやめました。うれしいことに、入会もし、唱題に励むまでになったのです。平成一〇年、父は病気のために他界しました。でも、その顔は本当に穏やかでした。

下道さん夫妻と出会えたことで、本当の親孝行をすることができました。そして何より、私の心に居座り続けていた「あきらめの心」を打ち破ることができたのです。

私は今、胸を張って言えます。「あきらめずに努力を続ければ、必ず道は開ける」と――。

（一〇二一一〇三）(2)

アルコールに依存する父。入退院を繰り返してもお酒をやめられない。お父さんがお酒を飲まないようにと祈り続ける娘。そして入会から一〇年たった日に、「『もし、このまま父が死んでしまったら』そう思った途端、父はなんて寂しい人生なんだろう。と、涙が止めどなく溢れてきたのです。あんなに嫌っていた父なのに…私は初めて、心の底から祈りました。『父さん、幸せになって』と」。すると父は酒を飲まなくなった。一見すると、ご利益体験談かと思われる。しかし、一〇年たったある日に祈ったらなぜ父は酒をやめられたのだろうか。学会の会員であれば、「題目の力だ」というところであろう。その意味では、この体験談は、学会の会員の納得が得られる物語といえるだろう。しかし、創価学会の会員ではない、一般の人には「題目の力だ」では納得できない。なぜご利益が得られたかがわからず、これだけでは共感できないし、理解できないのである。

〈結〉にあたる最後の四段落を再度見てみよう。二段落を使って、父が酒をやめ、穏やかな顔で他界したと書いてある。しかしその後の二段落で、「私の心に居座り続けていた「あきらめの心」を打ち破ることができた」、「あきらめずに努力を続ければ、必ず道は開ける」と「あきらめ」という言葉が短い間に二回繰り返されている。そして、この部分が最後の部分で、〈結〉の部分なのである。父がお酒をやめてよかったという〈結〉ではない。

もう一度、「あきらめ」に注目してみてみると、最初の方でも「あきらめ」は登場している。父がアルコール依存症で困っていた時には、「そのころの私を支配していたもの。それは『あきらめ』でした。」とある〈起〉。さらに、父のアルコール依存症からの回復の物語だと思って読んでいると、ストーリーにあまり関係のなさそうな、祖母の入会というエピソードが唐突に出てくる。とくに非会員の信仰を持たない者にとっては、非合理で反感を買いそうな家族の入会のエピソードではあるが、この時に、「あきらめに支配されていた私の心に、ほんのりと希望の火がともった瞬間でした。」と書かれてある〈承〉。この体験談（物語）がわかりやすく共感を呼ぶ起承転結の形をとるためにはこの一文が必要であり、祖母の入会は物語の構成上、不可欠なのである。父のひどい酒浸りで「あきらめ」に支配されていた状態〈起〉から創価学会に入会して、祖母も入り、「あきらめ」が打ち破れるのではないかと希望が灯る〈承〉。入会後一〇年の題目を上げていた日が〈転〉で、自分にとってはひどい父のために（＝他人のために）心から祈る、という内面が大きく転換したことにより、〈結〉として、あきらめの心が打ち破られるという、あきらめを少しずつ打破していく物語と読めるのである。一〇年にわたる信仰の結果、あきらめが打破できたという個人の内面の変化ならば、非会員もありうる話かもしれないと考えうる。父が突然、お酒が飲みたくなくなるよりも、信仰を持たない人には納得できる物語となっている。

創価学会の二つの体験談から、共感できる物語の特徴が明らかになる。どちらの体験談も明らかな剥奪状況（父の飲酒、交通事故の後遺症）から回復するために、信仰に入り、熱心な信仰をつづける。しかしその願いは、父が突然お酒をやめる例のように非合理的にかなっても、あるいは交通事故の後遺症のようにかなわなくてもよい。本人にとって自明で、強く願っている剥奪の回復の結果にかかわらず、別の何かが満たされる。そしてその満たされる何かは、最初から意図されていたものではないだろう。文章となった物語としては、最初から伏線が張ってある場合が多いが、本人はいつからその潜在的な願望に明確に気づいていたのかは、わからない。

「あの人がいてくれた」の例のように、顕在的な剥奪（父の飲酒）に潜在的な剥奪（あきらめ）が置き換わる瞬間が、〈転〉の時であり、ここに劇的な体験（しんしんと題目をあげた日に涙が止めどなくあふれてきた体験）があるとわかりやすい物語となるのである。

5　回心とは

回心を分析する上で、文化の影響が大きいことはいうまでもない。そこで、日本人読者に分かりやすいように、特に日本の宗教（創価学会）における回心過程を検討した。現世主義にもとづくご利益信仰を特徴とする日本人の信仰心においては、パウロの回心とはまったく異なる体験が語られる。

しかしながら、日本の二つの体験談を起承転結の構造を持つ物語と捉え、回心の瞬間を〈転〉と考え、そこに至る〈承〉とその後の〈結〉に注目すると、〈転〉は、顕在的な願望と潜在的な願望の二つの願望の同時実現であることが理解できる。そしてこれは実は古典的なキリスト教をベースとする欧米の回心研究が示したものと同型なのである。

一八四二年生まれの宗教心理学者ウィリアム・ジェームズ（一八四二年–一九一〇年）は、（もちろん日本の創価学会を知らず）キリスト教の研究から、回心の瞬間、人は、二つの願望を抱えていると述べるエドウィン・D・スターバック（一八六六年－一九四七年）の説を紹介している。「第一は、現在の状態が不完全であり、間違っているという考え」、「第二は、到達したいとあこがれられる積極的な理想」である。そして第一の間違っている感じは、第二の理想の観点よりもはるかにはっきりと意識されていると指摘している。（三一三）[3]（なお、本章で示した例も含めて、キリスト教の回心が日本人にわかりにくいのは、第一と第二が何を指しているのか、ピンとこないからであろう。）

創価学会の例で言えば、第一が顕在的なご利益を求める剥奪からの解放という願望であり、第二が「生命を大事にする」ことや「あきらめの心の打破」などの宗教の教えにつながる潜在的な願望である。ジェームズにしたがえば、回心の瞬間に顕在的な願望が達成されると同時に、潜在的な願望にも気づく。現状の剥奪的状況を克服すること、すなわちご利益信仰で困難を乗り越えようとすることも実生活上は極めて重要なことである。しかしながらその越える時に同時に遙かに大きな跳躍が生じて、積極的な理想状態に達する。この大きな跳躍によって、合理性を超越し、（一見）非合理な宗教の世界に入ることもできる。さらに他の状況では、個別の自分を超越し、普遍性を獲得することもある。さらにある場合には利己的な心を超越し、利他性を獲得することもできる。このようにご利益体験の〈転〉を経て〈結〉として身についた積極的理想状況は、資本主義社会で現世的な観念にどっぷりとつかった現代日本人の非信仰者にとっては、しばしば世俗を超越した状態と捉えられるだろう。

宗教に入った人がすべてこの積極的理想状況を得られるわけでは、残念ながらないだろう。しかしながら、世俗の世界の中で、自己を超越し、利己心を超越することはさらに難しいかもしれない。宗教教団の中で長く信仰することは、〈転〉が訪れる条件であり、現代社会での超越の条件の一つとなっているだろう。

引用文献

（１）大白蓮華編集部（二〇〇〇）．『大白蓮華　四月号』聖教新聞社
（２）大白蓮華編集部（二〇一〇）．『大白蓮華　四月号』聖教新聞社
（３）W．ジェームズ（一九八八）．（枡田啓三郎訳）『宗教的経験の諸相　上』日本教文社
（４）共同訳聖書実行委員会（一九八七）．『聖書　新共同訳――新訳聖書詩編つき』日本聖書協会
（５）中村光（二〇〇九）．『聖☆おにいさん　四巻』講談社〈ＫＣモーニング〉

参考図書

・リチャード・W・アンダーソン（一九九四）（土岐隆一郎・藤堂憶斗訳）『体験――ニッポン新宗教の体験談フォークロア』現代書館

新宗教である善隣会、立正佼成会、崇教真光の体験談を取り上げ、体験談は要約、呈示、不和、危機、改善過程、和解または解決、結びという七つの構成要素からなる共通する構造をもつことを示した専門書。分析に役立つ方法論を提示する研究である。

・キャサリン・コーラー・リースマン（二〇一四）（大久保功子・宮坂道夫監訳）『人間科学のためのナラティヴ研究法』クオリティケア

研究事例を元にテーマ分析や構造分析のエッセンスをつかむことが意図されている、人間科学の研究のためのナラティヴ研究法のテキスト。

・川端亮・稲場圭信（二〇一八）『アメリカ創価学会における異体同心――二段階の現地化』新曜社

創価学会を信じるアメリカ人に、なぜ創価学会を信仰するようになったのかをインタビューで尋ねている。アフリカ系アメリカ人、LGBTなど日本の会員には少ない人々の体験談やご利益信仰から利他性が涵養される過程の記述などがある。

第7章　声なき被災者の経験を未災者に伝える

岡部　美香・高森　順子・青山　太郎

1　災害研究の人間科学的アプローチ

本章の著者の一人である岡部は、欧州に住む知人から次のように尋ねられたことがある。「日本は地震が多い。火山もある。夏は豪雨、冬は豪雪で、台風の通り道でもある。種類も数も、自然災害が本当に多いところなのに、なぜ好んで日本に住むんだい？」

別に、熟慮・厳選の末に、日本で暮らすという決意を固めたわけではない。たまたま日本で暮らす両親のもとに生まれただけの話であり、外国で暮らすという選択の機会に巡り合わなかっただけの話である。では、仮に、さまざまな現実的制約を考慮しなくてもよいという条件のもとで自由に居住地を選択することができるとしたら、果たして、自然災害の（少）ない異国の地に移り住みたいと思うのだろうか。確かに、地震も火山の噴火も、台風も気候不順も、できることならば回避して、安全・安心に快適に暮らすのに越したことはないのかもしれない。だが、それ以上に、偶然、生まれついた環境に既にあった自然、言語や文化、そしてそこで培われた生活習慣や人間関係にある種の断ち切りがたさを感じるのも――と同時に、断ち切りがたいからこそ、面倒くささ、窮屈さ、圧迫感、時には忌わしさすら覚えないわけでないのも――事実である。というのも、それらは私たちが、よくも悪くも、それぞれに固有の人生をそれぞれ独自の仕方で形づくりながら生きてきた／いるという感覚――いわゆるアイデンティティ――を醸成してきたものであり、したがって、私たちがそれぞれ、よかれ悪しかれ、他の誰でもないかけがえのないこの自分であることを証《あか》しするものだからだ。このことに鑑みるなら、たとえ自然災害による危険がないわけではないとしても、これまで暮らしてきた馴染み深い土地を離れないという選択肢を採る人々がいるのも、決して不可思議なことではない。

だが、いちど自然災害が発生すると、どれほど断ち切りがたい愛着やしがらみであろうとも、場合によっては、容赦なく理不尽に断ち切られてしまう。その場合、人々は、自分が他の誰でもないかけがえのないこの自分であることを護り、支え、証ししてくれるものを突如として奪われ、失ってしまうことになる。

災害という出来事に人間科学という観点からアプローチする際には、人々のこのような被災経験の人間学的意味に焦点が当てられる。人間学とは人間科学の一分野であり、ここでは人間

（が生きること）にとって災害を被るという受苦・受難の経験がどのような影響や意味をもつのかについて学際的に分析・考察することをさす。そもそも、災害は、多くの人々が日常生活を営むところでのみ生起する。例えば、人が一人も住まず、通りもしない深い山脈の奥地で土砂崩れや雪崩が起きても、人々の生命や生活に特段、影響を及ぼすことがなければ、それらは自然現象であって、自然災害ではない。実に、災害とは、すぐれて人間的な出来事なのである。

にもかかわらず、災害に関する学術的な研究は、従来、自然災害を自然界の物理現象として捉える傾向が強かった。災害の時間的・空間的な展開と人間の生――生命、生活のみならず、人生観や生き方、生きる意味も含む――との関係に強い関心が向けられるようになってきたのは、二〇〇〇年代に入る前後のことである[3]。災害からの復興を、街並みや社会システムの復興ではなく、「ヴァルネラブル《傷つきやすい》な人間の復興」として捉えることの重要性をうたう日本災害復興学会の発足（二〇〇七年。二〇〇八年に発足記念大会を開催。）は、ある意味、人間科学としての災害研究のこうした新たな動向を象徴するものだと言えよう。

2　災害の記憶の伝達・継承

本章では、この新たな研究動向のなかでも、特に災害を巡る人々の記憶の伝達・継承に関する研究を取り上げる。これは、先に述べた日本災害復興学会では二〇一三年ごろから少しずつ見られるようになってきた、まだ緒に就いたばかりの研究である。国際的に見ても、世界各国で同様の研究に従事するさまざまな領域の研究者が集まる学際的な国際学会Memory Studies Associationが二〇一六年に発足するなど、近年、注目度が増しつつある。

災害の記憶の伝達・継承は、人間の弱さ、脆《もろ》さ、儚《はかな》さ、傷つきやすさ《ヴァルネラビリティ》を始めとする人間の（可能性というよりは）不可能性を前提としており、かつ、そうした不可能性に対してこそ真摯であるべきだという倫理を人々に要求する点に特徴がある。[4] 具体的に述べるなら、何よりもまず災害そのものが人間の予期や予測を超えるものであり、抗することや、時に逃げることすらも不可能なほど圧倒的なエネルギーとパワーで人間と人間社会に襲いかかってくるものである。いったん損害を被ると、それまでと同じような生活を営むことや、予定していた人生の行き道を実現することが困難になる場合もしばしばである。これらに加え、特に記憶の伝達・継承に関連して述べるなら、被災したすべての人々のすべての記憶が語られたり書かれたりするわけではない。例えば、被災者が被災の経験を懸命に語ろう／書こうと思っても、どうしても言葉にできないものが残る。また、被災の経験そのものが言語に絶するものであるがゆえに、語る／書くことができないということも少なくない。それでも、いくばくかの記憶が何とか言語化できたとして、その読める／聞こえる言葉を介して、被災者の意図や想いがそのまま未災者――災害をいまだ経験してはいないが、これから経験する可能性のある人のことをさす言葉[6]――に伝わるのかと言えば、それも実のところ、はなはだ心許ない。というのも、自分が他でもないこの自分であることを証ししてくれるという意味で重要な人々やものごととの関係を突如、理不尽に断ち切られ、奪われた被災者とそのような事態をいまだ経験していない未災者との間では、災害を巡る認識や理解にどうしてもずれや齟齬が生じてしまうからである。残念ながら、未災者がどれだけ真摯に被災者の言葉に寄り添い、精確に理解しようと努めたとしても、このずれや齟齬を解消することは困難を極める。なぜなら、確かに、被災者は未災者に対して自分が経験したことを理解してほしい、それに共感してほしいと強く願うが、その一方で同時に、同じくらい強く、被災の当事者である自分が経験したことは自分に固有の特別なものであり、非当事者である未災者にはそう簡単に理解できるはずがない、むしろ、そう簡単に理解なんてしてほしくない、とも考えているものだからである。その場合、未災者が被災者のことを共感的に理解できると伝えることが、かえって、被災者の当事者意識や当事者性を損なう、ある種の暴力にもなりかねない。しかしながら、だからと言って、被災の経験は当事者である被災者にしか理解できない類のものなのだと割り切って、精確に理解しようとする努力を未災者が諦めてしまうこともまた、被災者に対する別の暴力を生んでしまう危険がある。というのも、二〇世紀ドイツの哲学者ギュンター・アンダース（一九〇二年–一九九二年）がいみじくも指摘したように、復興に尽力すること、その過程で、被災者を傷つけまいとして未災者が敢えて災害に言及しないように気遣い、災害が生起したという事実がまるでなかったかのように振る舞うこと、それによって、結果として、被災の事実を忘却したり隠蔽したりするのに加担してしまうことは、災害という破壊の上にさらなる破壊を重ねる以外の何ものでもなく、「破壊の極致」とも言うべき振る舞いになってしまうからである。(1) だからこそ、共感的に理解できるという可能性だけではなく、理解できないという不可能性をも前提にすること、そして、まさにその不可能性に対してこそ真摯に向き合うことという倫理が未災者には求められるのである。

とはいえ、言語化されていない、あるいは言語に絶する被災の経験に、言語を介することなく――つまり言語を「超えて」――未災者はいったいどのようにアプローチすればよいのだろう。そうした被災の経験の最たるものは、災害で亡くなった人々のそれである。かつてはあった、いまもないわけではない、いや、ないものにしてしまってはいけない生者・死者の言語を「超えた」被災の経験に、果たして、未災者はどう向き合えばよいのだろう。また、その際、被災者と未災者の間に生じるずれや齟齬、そして認識や理解の地平の断絶――両者間の共有不可能性と共約不可能性（ある一つの共通の尺度では測ることができない状態）――をいかにして「超えて」いけばよいのだろうか。

以下では、このような問題意識にもとづいて筆者らが企画・実施した展示会《仮留《かす》める、仮《か》想《さ》ねる――津波に流された写真の行方》（二〇一九年二月二三日–二四日。於：大阪府吹田市らぽーとエキスポシティ光の広場。以下では、《仮留《かす》める、仮想《かさ》ねる》と表記。）を紹介し、展示の内容と方法の特徴および意義について、人間科学、とりわけ人間学の観点から考察する。後述するように、この展示会は、東日本大震災で津波に押し流された写真、すなわち被災した人々の被災した写真（以下、被災写真）を展示したものである。一般に、写真は、かつてあったものごとの記憶を想起する契機となる媒体であるが、被災写真は人々に二重の記憶を想起させる媒体である。一つは、人々が被災する前につつがなく日常生活を送っていたという記憶、もう一つは、その日常生活が災害の発生によって突如として理不尽にも破壊されたという記憶である。泥や砂にまみれ、海水によって色落ちした写真には、その二重の記憶の痕跡が残されている。この痕跡から、展示会で写真を観る未災者はいったい何に想いを馳せるのだろうか。

3　東日本大震災の「被災写真」

二〇一一年三月一一日に発生した東日本大震災では、きわめて広大な範囲でさまざまな被害が発生した。二〇二〇年三月七日時点の警察庁の報告では、死者一五、八九九人、行方不明者二、五二九人を数えている。また、福島第一原子力発電所では炉心溶融や水素爆発といった一連の事故が発生し、発災から一〇年が経過しようとする現在もまだ事態の収束には至っていない。

このように甚大な被害をもたらしたのは、地震動とそれによって引き起こされた巨大津波である。津波による浸水被害は、青森県から千葉県に至る太平洋沿岸の六県六二市町村で確認され、なかでも福島県相馬では九・三メートル以上、宮城県石巻市鮎川では八・六メートル以上の高さの津波が観測された。

津波は多くの人々の生命を奪っただけではなく、あちこちの市街地を呑み込み、住宅を始め、多くの建築物を破壊した。この時、各住宅に納められていたさまざまなモノ――家具や家電、衣服や食器といった生活用品、仏壇や位牌、そして写真やそれを貼ったアルバムなど――も押し流された。

先にも述べたように、写真は、かつて過ごした日々の記憶を人々に想起させる媒体である。日常のスナップはもとより、さまざまな節目や行事のつど記念撮影が行われるし、亡くなった人を偲ぶための遺影としても私たちは写真を用いる。つまり、写真は、個々人の記憶の想起に必要な仕掛けであると同時に、親密なコミュニティの成員が分かちもつ集合的記憶を創出・保持するのに必要な社会的な仕掛けでもあるのである。私生活と社会生活の両面にわたるこうした重要性のため、多くの被災地では比較的早い段階から、津波に押し流された被災写真をレスキューし、洗浄・保存処理をした後、元の持ち主に返却しようという活動が生起していた。

被災写真の返却活動に関する実践研究を行っている溝口佑爾によれば、写真の返却方法は地域ごとに異なっている。(8) 地元の体育館を借り切って大規模な写真展示会を行うところもあれば、返却活動を行うスタッフやボランティアが仮設住宅を一件一件、訪問して返却するところもあり、他にも、ＩＴ機器を駆使した返却サービスシステムを立ち上げているところもある。

こうした活動を通して多くの被災写真が持ち主に返却された。だが、それでもやはり返却できない被災写真は残る。例えば、宮城県亘理《わたり》郡山元町で被災写真の返却活動を展開しているグループ「思い出サルベージ」のスタッフは、二〇一八年三月時点で約七五万枚の写真を回収し、そのうちの六割にあたる約四四万七〇〇〇枚を持ち主に返却した。現在も、出張による返却活動と町内の常設会場における返却活動を継続しているが、約三〇万枚の写真がいまだ返却されずに残っている。他の自治体のなかには、返却できない被災写真を、「お焚き上げ」と銘打って、燃やして廃棄しているところも少なくない。というのも、返却活動や写真保存のための予算確保が難しいという事情があるからだ。また、実際のところ、残った写真の多くも画像の欠損が激しく、誰があるいは何が写っているのかが十分に判別がつかないため、持ち主のわかる可能性はあまり高いとは言えない。こうした返却できない被災写真の取り扱いは、いまなお多角的な視点から議論されるべき、被災地における実践的課題である。

4　《LOST & FOUND PROJECT》の展示会

このような返却できない被災写真を巡る取り組みの一つに、《LOST《ロスト》 &《アンド》 FOUND《ファウンド》 PROJECT《プロジェクト》》という展示会がある。これは、先に述べた「思い出サルベージ」による被災写真の返却活動から派生した企画で、被災写真のうちでも特に画像の欠損が激しく行政処分の対象となった三万枚の写真を引き取り、活動継続のための寄付金の募集と被災経験の伝達・継承を目的に、それらの写真を芸術作品のように展示するというものである。

この展示会は、二〇一二年の東京を皮切りに、ロサンゼルス、ニューヨーク、メルボルン、ローマなど国内外約三〇都市ですでに実施されている。多くの場合、ギャラリーやミュージアムの大きな壁一面に、何百枚、時に何千枚もの被災写真をモザイク状に貼りつけて展示する。この展示会のねらいについて、《LOST & FOUND PROJECT》の実行委員長を務める写真家の高橋宗正は次のように述べる。

こうすること（引用者注：壁一面に数多くの写真を貼りつけること）で多くの人生がかつてそこにあったことを伝えられるのではないかと考えた。そして、壁に近づけば、一枚一枚誰かが残したいと思った記憶があることを見てとれる。見に来た人が写真と向かい合い、自分の頭と心でそれぞれに感じてもらえればいいなと考えていた。(7)

この展示会は、震災というものを理解することにかかわるある本質的な課題を浮かび上がらせる。まず何より、震災という出来事は、一つの視点だけからでは十分に理解できはしない。というのも、震災に巻き込まれた膨大な数の人々の生――生命・人生・生活――は、その一つひとつがそれぞれに異なる、かけがえのない存在だからである。他方ではまた、震災のなかで誰にも知られることのないまま失われてしまった生もある。このように無数の人々の生がかかわる人間的かつ社会的事象としての震災を、一つの言説や一つの記号――例えば、1・17や3・11という記号――に還元して、誰もが一律に同一のイメージを抱くものとして表現しようとすることは、ともすれば、震災を経験した人々の複数かつ多様な生を矮小化してしまうことにもなりかねない。

これに対して、《LOST & FOUND PROJECT》の展示会においては、先の引用文にもあるように、数多くの写真が貼られた壁全体を少し離れたところから俯瞰することと、壁に近づいて写真を一枚一枚凝視することとの往還運動を見る人に生じさせる。この運動のなかで写真を観ることが、（俯瞰することを通して）東日本大震災という災害の人知・人力を超えたはかり知れない大きさと（一枚一枚を凝視することを通して）この災害に巻き込まれた多数の人々の生の多様なあり様に想いを馳せることへと導いてくれる。

しかしながら、震災をいまだ経験していない未災者に震災という出来事の記憶を伝達・継承し得るかどうかという観点に立つ時、《LOST & FOUND PROJECT》のこうしたアプローチにもやはりまだ課題が残ると言わざるを得ない。その最たるものは展示場所である。この展示会は、多くの場合、いわゆる「ホワイトキューブ」で行われてきた。ホワイトキューブとは、邦訳「白い立方体」が示す通り、「天井、壁ともに白無地で、出入口以外には開口部がなく、柱や梁などの遮蔽物や装飾物なども一切ない室内空間のこと」[2]である。この空間は、芸術作品を鑑賞するという目的のためだけに設えられており、その目的を妨げる要素をできる限り排除しようとするものである。したがって、鑑賞される芸術作品と鑑賞する人々を日常の生活空間から切り離すという機能をもつ。つまり、この空間のなかでは、人々が生きて暮らす日常の生活空間の諸々は、芸術作品の鑑賞を妨げる「ノイズ」や「バズ」でしかないのである。このため、ホワイトキューブという空間は、芸術作品の鑑賞という目的を明確に意識して来たわけではない人々を遠ざけやすい。だが、被災写真の展示会を通して震災をまだ経験していない未災者に被災の経験を伝達・継承するためには、目的意識をもってギャラリーやミュージアムに来る人々だけではなく、ふだんはギャラリーやミュージアムを「縁遠い」、「敷居が高い」と感じている人々も含め、さまざまな人々に被災写真を観に来てもらうことが重要なのではないか。

もちろん、日常生活から切り離された純粋に芸術のためだけにある静寂な空間で震災という出来事の痕跡である被災写真とじっくり対峙することそのものは、間違ったことではないし非難されることでもない。しかしながら一方で、震災の痕跡を「非日常の」芸術作品として鑑賞することは、震災を、他人事ではなく、いつかどこかで自分にもまた降りかかってくるかもしれない、あり得べき日常の出来事として私たち一人ひとりが捉えることを妨げてしまうのではないか。その場合、私たちは、写真という痕跡から人間的・社会的事象としての震災の被災経験を伝達・継承できないまま、一種の美的な嗜好品として、「鑑賞」という名目のもとに、被災写真を消費するだけになってしまうのではないか。

5　《仮留《かす》める、仮想《かさ》ねる》の展示会

(1)　展示会の目的

そこで、被災の記憶を伝える作品を日常の生活空間から切り離さないで展示する試みとして私たちが企画したのが、《仮留《かす》める、仮想《かさ》ねる》の展示会である。この展示会は、二〇一九年二月二三日（土）から二四日（日）にかけて、大阪府吹田市にある万博記念公園に隣接した大型複合商業施設・ららぽーとエキスポシティの「光の広場」を会場として開催された。週末には友人連れや家族連れが五〜九万人訪れるというこの巨大な商業施設の中央に位置する光の広場は、最上階（三階）まで吹き抜けになっていて、広場に併設されたエスカレーターで、広場を眺めながら上り下りできるイベント空間である。買い物客は、この広場を上下左右斜めに、まさに縦横無尽に移動する。このような空間で、買い物や娯楽を目的として来場した人々に東日本大震災の被災写真を観てもらう、という企画に私たちは取り組んだのである。

《仮留《かす》める、仮想《かさ》ねる》という一見奇異なタイトルも、展示会のこの目的と関連がある。返却する宛のない被災写真を芸術作品のように、しかしながら、ホワイトキューブのなかに閉じ込

めてしっかり位置づけるのではなく、大型複合商業施設という空間に「仮に留め」てみる。芸術作品を見るためではなく、買い物や娯楽のために来た人々がこの作品の側を「かすめ」ていくなかで、ふと何人かが足を止めて作品に目を留める。そこには、二〇一一年に震災に巻き込まれた人々が、いま・ここにいる自分と同じように友人と遊んだり家族と買い物をしたりという日常生活を送っていた痕跡が、さらには、その日常生活が震災のために突如として断ち切られ、失われてしまったという痕跡が無数に並べられている。写真のなかで笑うこの人は、この写真を撮ったその人は、その時までどんなふうに友人や家族と過ごしてきたのだろう。震災にあった時、何を感じ、何を考え、何をしたのだろう。そして、その後、どこでどうしているのだろう……。こんなふうに写真を「仮留《かす》める」ことを通して、直接、会うことも話を聴くことも（でき）ない、写真にかかわるどこかの誰かのことを「仮想」してみる。この「仮想」は写真を「仮留《かす》め」た人々の数だけ「かさね」られ、果たして、繋がるはずのなかった東北の被災者と関西の未災者が、被災写真を通してゆるやかに、しかしながら、震災という人間的・社会的事象を軸にして繋がっていく。

とはいえ、私たちのこのような意図を露ほども知らない、買い物や娯楽を目的として来場した人々からすれば、見たいわけではないものや見たくないものが見えてしまうことにもなり得る。それは、日常の生活空間にふいに怪しい異物が侵入してくるような経験になるかもしれない。これを暴力だと言う人もいるだろう。だが、何かについて、とりわけ震災のような人間にとって災厄や厄災とも言うべき出来事について伝える、さらには考えてもらうという試みにそうした暴力性が伴うのは、ある意味、避けられないのではないか。なぜなら、震災という出来事それ自体、人間に対する自然の猛威であり暴力以外の何ものでもないのだから。重要なのは、いま・この時に当たり前のものとして日常生活を楽しんでいる自分たちとまったく同じように、震災に巻き込まれた人々も震災の直前まで日常生活を営んでいたこと、その日常生活が震災によって突如、理不尽にも奪われ、失われたということ、このことに来場者が想いを馳せられるかどうかなのである。

⑵　展示の内容と方法

では次に、具体的な展示の内容と方法を説明していこう。

被災写真の返却活動を展開している先述のグループ「思い出サルベージ」が所有している返す宛のない被災写真のなかから、特に損傷が激しいために持ち主の特定が難しい写真約八〇〇〇枚を借り受け、これらを一八〇センチメートル四方の正方形のベニヤ板一八枚の上に敷き詰めた。写真を敷き詰めたベニヤ板は、小さい子どもたちでも無理なく見られるように、とはいえ、写真を踏んだりベニヤ板で怪我をしたりしないよう、高さ約三〇センチメートルの柔らかいダンボール箱を台座にして床に水平に配置し等間隔に並べた。そうすることで、吹き抜けの広場の二階や三階からでも展示作品が風景の一部として見られるようにした。つまり、吹き抜けのイベント空間を活用して、施設の来場者が店舗から店舗へ移動するために広場を横切ったりエスカレーターを上り下りしたりするだけでも、展示されている被災写真を全体的に俯瞰することだけはできるようにしたのである。実際、展示期間中は、吹き抜けになっている二階や三階から一八枚のベニヤ板を見た人が、わざわざエスカレーターで一階まで下りてきて、一枚一枚の写真を詳しく見始めたり、一階を歩いていて展示作品に気づいた人が二階や三階に上がって全体を見ようとしたりする、という光景がしばしば見られた。このように、今回の展示会では、全体を俯瞰することと一枚一枚を凝視することという往還運動が、おのずと、かつイベント空間全体を活用する形で大きく生起することになった。

ちなみに、展示にベニヤ板とダンボールを用いたのは、上述したように、ホワイトキューブのような鑑賞するためだけに設えられた空間ではない日常の生活空間で展示するという、《仮留《かす》める、仮想《かさ》ねる》の「仮」の性質を際立たせたかったからである。実際、展示用のベニヤ板を椅子と思い込んで腰をかけようとした人が一人や二人ではなかったことは、このねらいが当たったことを示していたと言えるのかもしれない。

他方、被災写真に関する文字による説明は最小限に留めることにした。展示されている写真全体を俯瞰すること、あるいは一枚一枚の写真を凝視することをきっかけにして、写真を観る人それぞれのなかで自由に想像を展開してもらうことが重要であって、その想像の幅や深さに文字の情報で外から限定をかけたくなかったからである。結果、展示会のタイトルと短い挨拶文、

図7-1　《仮留《かす》める、仮想《かさ》ねる》の展示風景

そして水損写真の洗浄マニュアルの簡単な説明のみが、Ｂ１サイズのパネル五枚にまとめられ、会場の端に並べられることになった。

(3)　展示会の評価――写真を写真に撮る

ところで、こうした展示会では、展示した内容がよかったのかどうか、ねらい通りの成果を上げたかどうかを評価・点検するべく、来場者から感想やコメントをもらうことが多い。アンケート用紙やコメント用紙への記載などで、来場者に展示を観た体験を振り返ってもらい、それを言語化することを求めるのである。だが、来場者のなかには、その場ですぐに自身の考えや想いを言語化できる人もいれば、それが苦手な人もいる。また、この《仮留《かす》める、仮想《かさ》ねる》の展示会では、展示を観ることを目的として来た人ではなく、買い物や娯楽のついでに偶然、この広場を通りがかった人が来場者となる。それゆえ、意識的な振り返りや言語化を求めるのは、せっかくふと足を止めて写真を観に来てくださった来場者に少なからず面倒や苦痛を強いることになることが懸念された。さらには、先述のように、この展示会そのものが、言語化され（得）ない記憶を、言語を「超える」形で伝えることを目的としている。これらの理由から、文字による感想やコメントを通した評価は敢えて避けることにした。

代わりに次のような手段をとることにした。来場者にインスタントカメラを渡し、展示された写真のなかからもっとも印象に残った一枚を、撮影してもらうよう依頼したのである。幼い子どもの場合は、気に入った写真を指で差してもらい、それを展示会のスタッフが撮影した。その後、現像された写真をスケッチブックに貼ってもらい、もし、インスタントカメラの写真に何か書き／描き足したいことがある場合には、好きなように、好きなだけ書いて／描いてもらってもかまわないと伝え、さまざまな色のマジックペンやマスキングテープを側に置いておいた。

6　祈りと省察と…

では、展示会《仮留《かす》める、仮想《かさ》ねる》の来場者は、被災写真に何を観て、そこから何に想いを馳せたのだろうか。

被災写真の多くは、とりとめのない穏やかな日常の一瞬を切り取ったスナップ写真である。家族や友人と食事を囲んでいる写真、入園・入学式や卒業式、結婚式の記念写真、休日に遊びに行ったり、旅行に行ったりした先で撮った写真…。そこに写る像に似た光景を、写真を観る人々の多くが自分の記憶のどこかに見出すことができる。写真の像と想起された自分の記憶のなかの光景が交叉する時、写真を観る人は、自分がかつて感じた心楽しさや温かさにいま一度、身を浸す。だが、その写真は、被災したために傷ついている。写る像は、一部が欠損していたり、色が変わっていたり落ちていたりする。それゆえ、被災写真を観る人は、想起された自分自身のかつての穏やかな日常の光景や、その時に感じた心楽しさや温かさが、それらとは相容れない冷たく、暗い、不気味な何かに浸食されるかのような感覚を抱くことになる。あるいは、相容れないこの二重の感覚のせめぎ合いのなかで自分が宙吊りにされるかのような状態になると表現することもできるかもしれない。

写真を観る人に喚起されるこの不気味な、落ち着きのない感覚ないしは状態は、その人を「祈り」へと導くようである。写真に写っているこの人（たち）が、いまも、写真と同じような笑顔とともに生きていてくれますように――展示会場に置かれていたスケッチブックには、インスタントカメラで撮った写真とともに、こうした祈りの言葉がたくさん添えられていた。祈りとは、自分にはどうにもならないという絶対的な受動性と無力さのなかで、悔しさや苦々しさを覚えながら、それでもなお、会うことも話すことも（でき）ない「彼方の存在」へと向き合うための、人間に許された唯一の作法である。(5) 写真を観る人は、祈りという作法で、「彼方の存在」へと向き合うと同時に、落ち着きのなさ、能動的になることができない無力さといった自らの、いま・ここの不可能性と真摯に向き合うことにもなる。

また、時に被災写真を介して、写真を観る人は、写真には絶対に写り込むことのない存在にも想いを馳せる。まずは、その写真の撮影者である。写真には、必ず、それを撮った人がいる。例えば、何の変哲もない穏やかな海と松原の広がる海岸の風景が写っている被災写真を観る時、写真を観る人は想いを巡らせる――この写真の撮影者は、いったいなぜ、この風景を写真に撮って残そうと思ったのだろう。それは、どれほど思い出深い風景だったのだろうか。他方でまた、撮影者ではないが、その人（たち）のためにこそ、その写真が撮られたに違いない、と想定される人（たち）に想いを馳せる場合もある。例えば、超音波で撮影した胎児の写真である（この写真は、被災地における被災写真の返却活動で公開されたもので、《LOST & FOUND PROJECT》や《仮留《かす》める、仮想《かさ》ねる》の展示会では展示されていない）。この胎児は、無事、この世に生まれてくることができたのだろうか。この写真を、胎児の両親はどのような想いで観ていたのだろうか。

写真を観る人の頭に浮かぶこの数々の問いに、もちろん、答えはない。答えのない問いは、写真を観る人を同じく祈りへと導くとともに、写真を観る人自身のかつての経験や記憶を喚び起こす。自分自身は、これまで、どのような風景を写真に残してきただろうか。ある風景をファインダーで捉え、シャッターを切った時、自分自身はどんな思いを抱いていたのだろう。あるいはまた、しばらく観てはいないが、自分自身の子どもが胎児だった時の写真が家のどこかにまだあるはずだ。帰宅したら、久しぶりに家族で観てみようか。ふだんは忙しさに紛れて、あるいは、至極、当たり前のものであるがゆえに、いちいち振り返る必要を覚えないという理由で、知らず知らずのうちに忘却の彼方に追いやっていた自分自身の日常生活の来し方に想いを致し、さらには、その行く末に想いを馳せる。換言するなら、写真を観る人は、日々いま・ここにあるはずの、しかしながら、その存在をほとんど意識していないがゆえに、どのようにあるのかふだんは確めることのない自分自身のとりとめのない日常を、愛おしさや慈しみの感情とともに、あらためて省みることになるのである。まったくの偶然ではあったが、来場者のなかには、東日本大震災とは別の震災や水害、原子爆弾の投下など、自らの被災の記憶や災害の記憶の伝達・継承にかかわる自らの日々の活動について、未災者にはかり知れない思いとともに振り返る人もいた。

「彼方の存在」へと真摯に向き合う祈りと、平凡で当たり前の日常への慈愛を伴う省察。展示会の来場者――少なくとも、スケッチブックに写真を残してくださった方々――は、意識可能な、だからこそ文字化し得るいま・ここの自分を超えた何ものかへと想いを馳せたのだと言えるだろう。この「超える」という行為が、災害の記憶の伝達・継承にかかわっていかなる人間学的意義を有するのかについては、また別の考察の機会に俟ちたい。ここでは、被災写真とのもう一つの出会いに言及し、本章を締め括ろう。

展示会の来場者のなかには、真っ白の写真に惹かれた人々がいた。かつては何かが写っていたはずの、だが、被災したために、形も色もすっかりはげ落ちて、表面がすっかり真っ白になってしまった写真の残骸。白骨を観ているかような感覚を催すそれは、何が写っていたのかをもはや確かめようがない以上、誰かのもとに――その誰かが震災を生き延びていたとしても――返却されることは永遠にない。それにもかかわらず、この写真（の残骸）を、他の被災写真と同じく、やはり捨てられないと思ってしまうのはなぜだろう。展示の準備に際して、他の写真と同じように丁寧に貼ってしまうのはなぜだろう。そして、この真っ白の写真を観た人は、そこに何を観て、何を想ったのだろう。空白の写真／写真の空白は、人間（の生）にとって、いったい、どのような意味をもつのだろうか。もし、本章を読まれた読者のなかに、このような問いが芽生えた人がいたとしたら、その問いが「あなたの人間科学」を始めるきっかけとなるかもしれない。

引用文献

（1）ギュンター・アンデルス（一九六〇）．（篠原正瑛訳）『橋の上の男』七九　朝日新聞社
（2）暮沢剛巳（二〇〇九）．『現代美術のキーワード100』二二四　筑摩書房
（3）岡部美香（二〇一九）．災害復興研究はいかに読まれるか――災害復興学会に関わる論文レビューと災害アーカイブ実践報告の相互参照から考える――．日本災害復興学会二〇一九年度（於：鳥取大学二〇一九・一一・九）・分科会三報告レジュメより．
（4）岡部美香（二〇一九）．災害の記憶の継承とトランスレーション――終わらない物語のための教育への試論．『教育学研究』八六－二．二二七－二四八
（5）小野文生（二〇〇九）教育と宗教・超越の〈紐帯〉を思考することについて――『教育哲学研究』の半世紀を読み直す――．『教育哲学研究』一〇〇号記念特別号．二四三－二六二
（6）諏訪清二（二〇一七）．学校で災害を語り継ぐこと――〈戸惑い〉と向き合う教育の可能性――．山名

淳他編著『災害と厄災の記憶を伝える――教育学は何ができるのか――』一九九‐二二七　勁草書房

（７）高橋宗正（二〇一四）．『津波、写真、それから――LOST & FOUND PROJECT――』八二　赤々舎

（８）高森順子・溝口佑爾・岡部美香（二〇一八）「災害アーカイブ」とはなにか――関西災害アーカイブ研究会の一年――．『復興』二一．二五‐三五

参考図書

・山名淳・矢野智司（二〇一七）『災害と厄災の記憶を伝える――教育学は何ができるのか――』勁草書房

第二次世界大戦に代表される戦災、阪神淡路大震災や東日本大震災などの自然災害、水俣病を始めとする公害などの天災・人災に人間はどう向き合えばよいのか。また、教育を通してその向き合い方をいかに成熟させ得るのか。これらの問いに教育人間学の視点から応答することを試みた一冊。

・金菱清（ゼミナール）編（二〇一六）『呼び覚まされる霊性の震災学――三・一一生と死のはざまで』新曜社

震災後、タクシードライバーが幽霊を乗せたという体験は、被災地の「人間の復興」といかにかかわるのか。スピリチュアリティ（精神性）という観点から、人間のヴァルネラビリティ（傷つきやすさ）とレジリエンス（回復する力）について論じた一冊。

・岡真理（二〇〇〇）『記憶／物語』岩波書店

国家や社会のマジョリティが描く歴史の表舞台から知らず知らずのうちに排除されている「傷ついた」人々や「社会的弱者（マイノリティ）」と呼ばれる人々にとって、言語および非言語的なものを介して表出される記憶がいかに重要な意味をもつかについて論じた一冊。

第8章　賭ける

――人生の修錬としての賭け

檜垣　立哉

1　はじめに

今は昔のはなしになりつつあるが、人間科学がいまだ人文学の香りを大切にしていた頃、ホモ・ルーデンスという言葉が流行したことがあった。この言葉は、もともと中世史が専門のオランダの歴史学者ヨハン・ホイジンガ（一八七二年―一九四五年）が生みだした「遊ぶ人間」を意味するものであり、ホイジンガには同名の著作がある。この概念は、後年ロジェ・カイヨワ（一九一三年―一九七八年）というフランスの文芸評論家が『遊びと人間』という著述において引き立てたことで、一層有名なものとなった。それは人間の定義として、ホモ・エレクトス（直立歩行する人）、ホモ・サピエンス（知恵ある人）やホモ・ロクエンス（言葉を話す人）などがある中で、それとは一線を画すものとして、無意味さや非合理性、あるいは偶然性に身を委ねる「遊び」を人間の営為の根幹に位置づけるものであった。カイヨワ自身が、『遊びと人間』において、人間の「遊び」を四種類（競争・偶然・模擬・眩暈）に分類しているが、「賭け」に関連が深い「偶然＝アレア」はそのひとつをなしている。

「遊び」にはもちろんさまざまなものがある。だが「遊び」が通常の人間の生活がもつ「日常性」を突き抜けた非日常性であるかぎり、それはどこかで偶然を含む「跳ぶこと」を不可欠なものとする。「遊び」はカタルシス（のちに医学的な瀉血という意味を持つことになるように、心の澱などを悲劇等により浄化させる、アリストテレスの『詩学』などで使われる用語）でもあり、日常生活の退屈な繰り返しから一時的に気を紛らわせてくれる何かでもある。しかし人間の文化そのものが、こうした日常をどこかで追いやる、偶然を含む「跳ぶこと」から形成されるかぎり、それはただの手すさびや遊技だけを意味するものではない。

さて、この書物の題名が「越える・超える」である以上、そこにはどこかで偶然的で予測不可能な「跳ぶこと」という要素が介入しなければならない。「得体が知れないものに向かって跳べ」ということである。もちろん何かを乗り越えることには、周到な調査、確率的な可能性、合理的な判断が必要であるだろう。そしてひとはある時、今がそのチャンスだと直観的に決断する。しかしそれが真に超えるものであるためには、結局は目をつぶって「跳ぶこと」が不可欠だろうし、そこで何が超えられたのか、どうして超えることができたのか（あるいはできなかったのか）は、まったく説明しがたいように思われる。カイヨワが述べるように、「遊び」が人間に固有の創造性としての文化を形成するというのなら、「跳ぶこと」を含んだ偶然性や「賭け」は、むしろ文化にとって決定的に不可欠な要素のはずである。

もちろん通常の「遊戯」とは、それこそ日常の退屈さを束の間に解消し、再びこの退屈な日常に戻るだけのものだろう。ある種のゲームや遊技は、人生全体を揺るがすようなものではなく、まさに日常の中の一場面にすぎない。しかしカイヨワが引き立てたように、「遊び」が世界中のあらゆる文化のなかに見いだせることを考えれば、そうした小さな「遊び」を繰り返すこととは、ひょっとしたら自分自身が「跳ぶ」時のある種の修錬になっているとは言えないだろうか。「遊び」の一要素である「賭ける」ことは、人生にとっても相当に重要なものではないか。

以下では、ホモ・ルーデンスとしてのわれわれがなす「遊戯」の中でも、「偶然性」と連関する「賭け」が、とりわけ「越える・超える」ことに関わる点を論じたい（筆者はかつて『賭博／偶然の哲学』河出書房新社、二〇〇八年、および『哲学者、競馬場へ行く』青土社、二〇一四年において、前者では偶然性と賭けという方向から、後者では具体的な競馬というフィールドに即して、これらの主題について議論を行っておいた。参照いただければ幸いである）。「偶然」とは、どれだけ科学が発展し、合理的な判断が可能になり、それに従って人間が行為しようとも回避不能なものである。そうであるかぎり、「偶然」と戯れる「賭け」の意味の探究は、人間とは何かという問いにとっても不可欠なはずである。いや、カイヨワを超えてさらに述べるならば、生物が進化し変容する世界でも、事情は多かれ少なかれ同じだろう。のちに論じるように、人間はそれを自覚的になし、決断において怯えと高揚感を伴った情動を持つという点でのみ特権的であるとも言える。退屈な日常や、固定された文化は、それ自身無限に継続するように思われるのだが、いかに合理的な計算をしても「一寸先は闇」というのがこの世の真実である。「賭け」を伴う「遊び」とは、むしろそこでなされるべきことの予備作業と言えるのではないか。

2　この現実・あの現実

ホモ・ルーデンスであるわれわれは、何故、ホモ・ルーデンスたりうるのか。「遊び」を行うためには、簡単に言えば「この現実」でない別の現実が、「虚構」であれ織り込まれる必要がある。現実にはありえない役柄を演じたり、とてもリアリティのない大金を動かしたり、また王様になったり乞食になったり、ゲームの中で私の「ふるまい」は自由自在である。それは人間が、自分がそうである「この現実」とは異なった何かを仮想する能力を持つことに結び付いている。

まさに「ふるまい」という言葉を用いたが、坂部恵（一九三六年–二〇〇九年）という哲学者がかつて、「ふるまい」について論じたことがある（『坂部恵集４〈しるし〉〈かたり〉〈ふるまい〉』岩波書店を参照のこと）。「ふるまい」とは、何の変哲もないわれわれの身体動作であると思われるだろう。だがこの言葉は分解してみると、「ふり」と「まい」になる。「ふり」とはまさしく「…のふりをする」という際の「ふり」であり、「まい」はまさに「舞う」こととして、遊戯の一部である。つまりわれわれが日常行っている「ふるまい」には、そもそも語源的にもこうした虚構性が含まれているのである。

坂部はさらに「かたる」という言葉にも同様の事情を指摘する。「語る」とは一般的にはただ話すことである。だがその同じ言葉は、「警官を騙って…」等という例で見られるように、それ自身「だます」の意味を持っている。これは「ふりをする」ことそのものでもある。そうでなくともかたりが「語り」となり「物語」と連関づけられるなら、それはそもそも「仮構的なもの」を内に含んでしかありえない。「この現実」に影のように隠し持たされている側面に坂部は光を当てる。そのような現実の影とは、「この現実」そのものに織り込まれた演技の世界、別の可能性の世界に他ならない。

ついで坂部は、フランス語の「ふるまい」という言葉が se comporter という、ヨーロッパ系の言語に見られがちな「再帰動詞」であることにも着目する。「ふるまう」とは、どこかで「自分で」「自分を」という、二重性を含んでいるというのである。日常を生きる私はその「ふるまい」において、自分が生きる現実を、そこから切り離された別の視点からも捉えているのである。自己に潜む影のような自己は、生そのものにまとわりついている。

「遊び」とは、こうした影に潜む私のあり方を、ことさらに引き出してくるものだと言えるだろう。そこでは、「この現実」ではない何かに自分を擬する働きがある。それは、「この現実」ではないものでもありえた自分の「影」の姿を、脆くも淡い一瞬において現実化させてくれる。

3　遊びと文化から「賭け」の世界へ

「遊び」によって「この現実」ではない私の影が引き立てられることは、まさに人間がホモ・ルーデンスであることの本質に関わってくる。

もう少し補足してみよう。上記のことは、さしあたり人間はフェイントをかけることができる生物だということとも重なる。フェイントとは、「遊び」の前提としての「仮構」への擬態である。

フェイントとは、ある程度高度な生物なら行うことが可能なものである。高等な動物は、相手を騙し獲物を捕らえるような行為をなすだろうし、あるいは鳥類の一部も、自らが怪我を負ったように見せかけながら雛を守る行動を取ることがある。これらは、まさに生物が自己保存的な進化を遂げた結果、影の現実を、そのふるまいに投影し行為することに他ならない。その意味では動物も遊ぶものであると言える。これは、猫や犬などの高等な（といわれる）生物を見れば自明なことだろう。そうした動物たちは、まさに「遊び」に近いフェイント的な行為を軽々となしている。

だが人間は、動物にも見られるこうしたフェイント的な「ふるまい」とは、まさに桁を超えた「ふり」をする世界を持つものでもある。それはフェイントとも言える動きと明確な意志をもってことさらに戯れるということである。こうした「遊び」が含む側面を、場合によっては生死を分けるような決断において実現させる（動物も生死を賭けたフェイントをなすが、それは状況によるものであり自発的ではない）。それが「賭け」の本質でもある。

そうした「賭ける」ことは、ほとんどすべての「遊び」の中に（むしろほとんどすべての人生の行為の中に）含まれながら、独自の位相を持っている。それは「遊び」一般の中でも、自己が自己のうちに含む影の領域を「この現実」と等価として扱い、場合によってそれをわざと「この現実」において実現させる（「この現実」と交代させる）行為なのである。それゆえ「賭け」は他の「遊び」とは異なり、ある種の危険を本質的に備えてしまう。というのも「賭ける」ことは、日常のそこここに見出されながらも、場合により「この現実」自身を壊してしまいうる、つまりは影であることが前提であった事態を実現してしまうことでもあるからである。だがそれは、「賭け」が、強い意味で「遊び」の持つ創造性に、つまりは破壊的に「越える・超える」ことに関連することを、まさに明示するものでもあるだろう。

4 「賭ける」こと

すなわち「賭け」とは、「この現実」が、本当は別の現実＝影でもよかったのに、その逆転可能性を偶然性とともにもてあそぶことであると言えるだろう。つまり「賭け」とは、「この世界」の裏という、本来は「影」に隠れているべきものに対し、偶然性をもって、それが反転しうる可能性をかいま見せるものなのである。そして同時にそれは、結果として、「この現実」が別の現実でもよかったのに、実際には「賭け」の帰結としての「この現実」でしかありえないことを強く際だたせてしまうことでもある。勝つにせよ負けるにせよ。

「賭ける」時、ひとはやみくもに行為するわけではない。実際に「賭ける」ことには相当な合理的あるいは非合理的計算が伴っている。さまざまな状況もある。私は先に挙げた著作で、競馬を実例として「賭ける」ことを検討したが、競馬において「賭ける」人間は実に重層的な（個人的な迷信やこじつけも含む）計算をなすのが常である。さらに言えば、「賭け」には不思議な「流れ」がある。いわゆる「ついている」という時は必ずある。馬券を買いさえすれば、次々と当たっていく。そういう位相に入りうることは、実際にやってみればよいが、確かにある。その瞬間を直観的に捕まえるのが賭博屋の本領でもある。

だがどれだけ計算をしたとて、「賭け」とは最終的には計算不可能なものに向かうことでしかない。そして明白にその結果は露呈される（もちろん、競馬であれ人生であれ、あるひとつの結果をどう捉えるかは、実は別の重大な問題としてある。競馬という例においても、勝つということの定義は、一レースなのか、その日の全レースなのか、一カ月単位でなのか、一年単位でなのか、生涯全体においてなのかによって大きく変化する。だが、この問題はここでは措く）。それについて、ひとは何故という問いを突きつけることはできる。だが、特定のレースにおいて、ある穴馬が勝ち、本命馬が走らなかったとしても、後付けの理由はいくらでも付けられるが、何が本当の原因かなどわかりはしない。しかしながら「賭け」の結果は実に鮮明に提示される。さまざまにありえた現実を前提としながらも、「賭け」の結果においては「この現実」しか絶対にありえない。競馬においては、労働の結果としての血肉とも言える金銭が関与していることも——それが賭博という行為を社会的には基本的に禁止させる要因であるのだが——大変に重要であるとおもわれる。金銭はまさに自分を賭けることの代理であるからだ。

競馬を離れて考えてみても、人生において、同様のことは誰でも経験したことがあるだろう。大学受験や就職、恋愛や結婚、転職や老後の過ごし方というのは、さまざまな影の可能性を持ちつつも、結局は特定の結果しか帰結しない。それは、人生の賭けという、大仰な表現を用いて述べられたりすることでもある（過ぎてみればたいしたものでもないのだが）。競馬においては代理としての金銭であった「賭け」の対象が、まさに自分そのものになる。成功する場合もある。大失敗の場合もある。また、成功したと思ったら大失敗だったこともある。いずれにせよそこには「賭け」が関与していることには間違いがない。だがそれぞれの契機で、「賭け」は人生を大きく揺るがす。

「遊び」一般は許容されるのに、その中でも「賭け」がとりわけ危険なものと見なされるのは、それが「遊び」の創造的側面と結び付きながら、同時にそれに伴う破壊な側面を先鋭的に示してしまうからだろう。だがそれは、「賭け」が創造的であるために、常に必要とされる側面でもあるはずだ。

5　「決断」と「運命」

実を言えば、われわれの生の一瞬一瞬が、そもそも何かを超えていく場面でもあるのだろう。それぞれの瞬間において、われわれはとてつもない「賭け」を行っているのかもしれない。われわれの意識のおよぶ範囲などきわめて小さく、ひとは自分の脳や身体において、あるいは身体が関与する環境において、何が生じているのかなどそもそもわかりはしない。

とはいえ人間には意志があり、「賭け」にはまさに決断がつきまとう。決断をなすとは、「この現実」がどうあってほしいのかを考え尽くし、その最善の策と時とを探ることでもある。

そうした決断とともに、ひとはあることを実現しようとするのだが、「賭け」一般がそうであるように、それが巧くいくとはまったく限らない。ひとは何にでもなれると同時に、この私であることしかできない。いかんともなしがたい、という事態がそこにはつきまとう。だから、その中で、決断をするということは、そこでさまざまなことを考慮しつつも、最後には賽子をなげるようなことである。だからそれは「賭け」以外の形態を取ることはできない。必ず実現する未来というのはそもそも未来ではない。成功するか失敗するかわからないものに「賭ける」ことがリアルな現実である。

しかし決断しても、成功する決断と、失敗する決断とがある。そう見えるだけかもしれない。何がそのひとにとってよいのかは、とても他人が見て決めつけられるものではない。先に競馬の例で述べたように、そもそも時間軸を別に設定すれば、ある行為もその価値評価を大きく変じたりもする。

そうはいってもわれわれは、ある決断は成功であり、ある決断は失敗だと痛切に感じとる。そしてそれに対して、「賭け」と同様に、何が「原因」だったのか、何が「不成功の要因」だったのかを執拗に考えるようになる。とはいえ、この世は競馬以上に複雑である。いくら因果を辿ったとて、複数の因果が絡みあって成立している「現実」について、その特定の原因を把握することは無理がある。試験に落ちたのは勉強が足りなかったのかもしれないが、たまたま当日の調子が悪かったのかもしれない。別の問題が出題されていたら結果は違ったかもしれない。恋愛において告白をして失敗したとしても、それはもともと相性があわなかったのかもしれないし、たんに相手にパートナーがいたからかもしれない。身体の病についても、ガンにかかる理由がタバコやアルコールに起因するとしても、そこには遺伝的要因、環境的要因、生活上のストレス等が複雑に関与していることは周知のことである。どんなに単純に見える人間の行為も、その実情を探れば探るほど、何故「この現実」なのかという問いに答えは示しえなくなる。ではどうすればよいのか。

ひとはそこで、「運命」という言葉をふと口にしてしまう。それは、何故という問いに直接的に応じるものではない。むしろあまりに複雑すぎて、その全貌が見わたせない世の中でなす決断に対し、その結果を「やむをえぬこと」として受けとめることである。九鬼周造（一八八八年‐一九四一年）という、昭和初期に『偶然性の問題』という著作をものにした哲学者は、『「いき」の構造』という、江戸時代の遊郭を中心とした日本的美意識に関する論考を著してもおり、そこでは「諦め」という「運命」を甘受する情動を重視している。これは偶然性について考えた哲学者において、きわめてふさわしいものでもある。いささか言葉遊びを弄しておけば、諦めるとは、その音韻そのものにおいて明らめるに通じることでもある。諦念とは、自分では到底コントロールできない因果の絡まりのなかで、「この現実」でしかないことを粛々と認めることである。「運命」とは、こうした諦め＝明らめに対し、自分が自分自身で納得するひとつの仕方であるとも言える。

このことは、実はかなりパラドックス的である。決断とは、まさに「賽子を投げる」ような「賭け」である。だからそこで「この現実」は偶然性に委ねられている。だが「決断」が「運命」と結び付けられるのは、結局は決断の末にでてくる「この現実」しかなかったからである。「運命」とは、あがいたところでそれが必然であったということである。そこでは偶然と必然が、同じことの両面になっている。この問題は、時間的な今・ここに関わる相当に深い哲学的議論に踏み込むものだが、やはりここでは問いを立てるにとどめざるをえない。だが偶然と必然が反転しつつ「この現在」を形成していることは、今後の議論との関連においても留意しておいてほしい。

6　賭けることと倫理

ここで問題が起こってくる。このように「運命」でことを済ましてしまうのは、九鬼が挙げたような、色街の美学の世界においてはよいかもしれない。しかし社会の側から考えてみれば、少し困ったことにもなる。すべての事柄を「それは運命だ」と認めてしまえば、緻密な計算と、その裏にある確率や統計から構築されているこの社会において、どうにも具合の悪いことが生じかねなくなるからである。つまりそうであれば、ひとは何も自発的になさなくなるかもしれない（大正初期から戦後にまで活躍した和辻哲郎（一八八九年－一九六〇年）は、『風土』という日本哲学史上有名な著作を刊行し、欧州旅行に往復したときの見聞から風土性と人間のあり方を論じているが——

これは現在のポスト・コロニアル的な見地からみれば批判の対象になるだろうが——「インド」を、ある意味で人々が徹底的な「意志の弛緩、忍従的」な諦念の中にいると記述したことが想起される。だが、その後先端資本主義化したインドは、皮肉なことに現在ではＩＴ先進国になっている）。

「賭け」はもちろん成功することがある。競馬で言えば、信じられないほど当たりを連発することさえある。その時に獲られる金銭とは、まさしくあぶく銭である。無論競馬について言えば、それは相当に研ぎ澄まされた（合理的・非合理的な）計算とそれを元にした直観の上に、自分で扱いうる範囲の金を（労働の血肉を！）賭けて現実化させることである。それはそれで決死の覚悟の帰結であるが、やはりそこでの当たりは「運命」にいい意味ではまっただけ、流れに乗っただけでもある。故に、そこで獲られた金銭はあぶく銭である。だがこのことは、とりわけ近代社会が前提としている「労働」の概念と乖離してしまう。その顕著な例が、マックス・ウェーバーの『プロテスタンティズムの倫理と資本主義の精神』で示されるものであるが、近代社会は一面、清貧を貫き、コツコツ労働してお金を得ることをある意味で前提としている。無論、二〇世紀後半以降の資本主義は、投機的資本主義という色彩が強く、株や債権、土地の売買を軸とする現今の状況は、資本主義そのものが「賭博的」になっているとも言えるだろう。だが、社会総体から見る時、農業からものづくり、教育や医療などのひとづくりなど、到底そういう仕方では通用しない「労働」が数多く存在していることも無視しえない。これは近代的労働観をどこかで必要とする。投機的資本主義は派手ではあるのだが、やはりこうした計画性の上にのった上澄みに過ぎないことも事実なのである。

7　社会と「賭け」

総じて言えば、社会は「賭け」を好まない。人間社会の発展が、根本においては農耕にあり、それが、不慮の事態を織り込みつつも計画性にもとづくものであることからもそれは推し量られる。ついでその大部分が近代化の過程において工場労働に移行した時も、労働はやはり労働時間と単価で計測されるものであった。それはかつての農耕が土地を問題としたことの別バージョンである。現代社会が、どれだけその相貌を変えても、こうしたラインは基本的には保持されるだろう。株や金融資本によって、資本主義が「賭博」的になるとしても、そこで「賭博」やその「運命」をすっかり許容するのは、計算や計画性を基礎に置く世間にとって都合がいいものではない。あぶく銭を握った人間は労働をしなくなるかもしれない。現今の資本主義の、一握りの勝者がそうである分には構わないだろう。だがそれが全体に蔓延していく世界は、決して許されえない。

だが、一方での本質的側面として、人生が「賭け」の連続から成り立つ以上、それはいつでも壮大なあぶく銭の獲得と、それを手にすることの失敗の連鎖に他ならない。先ほどの「諦念」

に関わる例では、ことさらに失敗が取りあげられていた。だが、人間は決断の末に、考えられない成功を収めることもある。これは「諦め」とは裏腹の「運命」（いわゆる棚からぼた餅状況）である。私は格別何かの努力もしなかったのに、世の中でどうにかなっている。そうしたことはまた、生きているかぎりそこらに転がっている話でもある。「格差社会」が喧伝される今日、「格差」の上の方に生まれた人間は、何も考えずにこうした運命を享受してもいる（それも姿を変えた「諦め」でもある）。

しかし私は最終的に（近代）社会というものは、こうした「賭博」的要素を原理的に排除し続けると考える。それが通用してしまえば、社会総体が成立できないからだ。計算と管理で支配されるこの世界、そこに向かっての努力と自己育成で成りたつこの世が保持されなくなるからだ（格差社会への根強い反感は、ルサンチマン（怨恨）だけによるのではない。徹底した格差社会——それは封建社会への回帰に近いだろうが——は案外居心地がよい。誰も自己のあり方に自己責任を問わなくなり、すべてに言い訳がきくからだ。近代社会はしかし、そうした言い訳を、最終的には認めたがらない）。「賭博」が悪と思われることの背景には、その上がりが反社会組織の資金源になるからとか、あるいは（現在的な問題であるが）それに依存（アディクト）する者がでるからだということは、確かに正しいだろう。しかし「賭ける」ことが社会から排除されることは、古代から近代化を経てなおその根本にある社会の本質に関連する。

とはいえ、人間がホモ・ルーデンスであるかぎり、「賭け」を軸とする「遊び」をしないことはありえない。「賭け」の危険性がどれほど指摘され、それを阻止しようとしても、人間の生から「賭け」がなくなることはないのである。それは社会よりもなお一層深く、「賭け」が人間の本性に根付いているからである。

8　人生の修錬としての「賭け」

現代社会はそのあらゆる場面において、多大な矛盾をかかえつつ「越える・超える」ことを求めてくる社会であるとも言えるだろう。

一面で現代社会は、管理社会とされるように、農耕の計画的な生産（社会としての人間の生きる最低の条件）のモデルをテクノロジーへと無限にひき延ばした世界である。そこではテクノロジーの進歩に伴って、より行動の管理性が求められることになる。労働においては、自由な労働形態が奨励されながらも、その実、ネットワークによる管理は、会社以外のあらゆる場所、二四時間すべてに（休暇の強要とともに）、果ては人生全体にまでおよんでいく（元気で素晴らしい老後を生きること！そして医療費を過剰にかけないこと！）。しかしやはり社会において、最終的な成果とは、費やした時間に応じて求められ続けるのである。

こうした近代世界とテクノロジーのあいだには目に見える綻《ほころ》びも明らかである。ガンやその他の疾病はたやすく発見可能であるし、寿命は確かに飛躍的に伸びた。だが特定の疾病への対応は、それぞれの療法での五年後生存率を複数提示することで患者に選択させるだけである。つまりはそこで「賭け」を求めてくる。そして医者は責任をとらないのだ。エビデンスにもとづく十分な説明はしたのだから。また、ネット社会は生活の利便性を飛躍的に高めたが、ひとたび台風・大地震・津波などの被害によりインフラが壊滅する時には、そんなものは何の役にも立たず、ひとは機能をまったく停止した都市に、丸腰で野山に放り出されるようになる。そこでは、「賭け」の本能が生死を分けるのは誰もが知っている通りである。現在の新型コロナウイルス感染症（COVID–19）の流行に見られるように、完成されているかのように見えるわれわれの世界は、実は未来に何が生じるかなどまったくわからない。テクノロジーが進歩したが故に、より一層、それが機能不全に陥った場面の予測は付けがたくもなっている。「管理」とその「締め付け」が厳しくなるのと並行的に、そこには不可避的に「賭け」の要素が再度入り込み、またそうしたテクノロジーの基盤が破綻したとき、われわれは過去の人間より遙かに「運命」に従属的にならざるをえない。（近代）社会はその程度には表層的なものにすぎない。

だが同時にこの社会は、「超えろ」というかけ声をかけ続ける世界である。まさに資本主義が剥き出しの「賭博」的側面を露わにしつつ、つねに新たなもの、見も知らぬ未来、イノヴェーションの創出を迫ってくる社会である。むしろ現代社会は「イノヴェーションをすべく管理されている」、そうした矛盾に溢れた世界だというべきかもしれない。

だが誰もが知っているように、資本主義社会で「超える」ことができる人間などほんの一握りにすぎない。普通の人間は、多少の社会の変動による影響はあれ、端的に生を送るのみである。産まれ、婚姻し（あるいはせず）、子供をなし（あるいはなさず）、必ず老い、必ず死ぬ。その内実は、それこそ医療や生命工学テクノロジーによって相当な変容を被るだろう。だが、ひとは生と成熟、老いと死を通過せざるをえないことには変化はない。とはいえこの通過もまた、別の意味での「越える・超える」ことであるのだが。

かくしてわれわれは、小さき一市民として（それ以外ではありえない）、つまりインドやブラジルの伝統社会を濃くひきうけた路地裏でなされる「遊び」と同じように、人生においていささかなりとも「賭け」という「遊戯」をなし続ける。この矛盾に充ちた現代の錯綜した状況を、ホモ・ルーデンスとして粛々と生き続ける。偶然性に充ちた遊戯を、時には高度なテクノロジーを用いて行うわれわれは、上記で述べたような矛盾そのものを要求され、さまざまな意味で予測不可能な未来への対峙を強要されることの修錬をそこでなしているのかもしれない。想定不能な災害であれ、あるいはイノヴェーティヴな社会の場面であれ、その綻びにおいても、その目標においても、「跳ぶこと」が強要されること。しかしわれわれは「ホモ・ルーデンス」であるかぎり、根源的に偶然と戯れる「術＝アルス」を、小さき路地裏で、ウインズ（場外馬券売り場）の片隅で、ひとり家の中で、淡々と身につけるほどには狡猾な生き物である。このことには、今少しの信頼を置いてよいのかもしれない。

参考図書

・檜垣立哉（二〇〇八）『賭博／偶然の哲学』河出書房新社

競馬を中心として、賭博の記号論、偶然性の論理、賭博の情動、資本主義社会との連関について扱った本。同様のものとして植島啓司の各著、特に『競馬の快楽』講談社現代新書、などがある。

・ロジェ・カイヨワ（一九九〇、原書は一九五八）（多田道太郎・塚崎幹夫訳）『遊びと人間』講談社学術文庫

遊びについての古典的な議論を扱ったもので、ホモ・ルーデンスというホイジンガの議論を、広域に遊び論そのものに拡大している。カイヨワの時代より遥か離れたネットワーク社会になってなお、この遊び論は議論の核に置けるだろう。

・ドストエフスキー（一九七九、原書は一八六六）（原卓也訳）『賭博者』新潮文庫

賭けることを扱った文芸・戯曲、あるいはサブカルチャーの作品は非常に多い（爆発的に売れた福本伸行『賭博黙示録カイジ』も含めて）。ドストエフスキーの『賭博者』は先述の拙著『賭博／偶然の哲学』でも触れたが、愛憎入り乱れる人間関係のなかで賭けに身を持ち崩す情念を描き秀逸。

第９章　オンライン座談会「不透明な時代を〈人間〉としてどう生きるか」

岡部　美香・辻　大介・檜垣　立哉・三浦　麻子

１　はじめに

岡部：司会の岡部です。よろしくお願いします。まず、この座談会の趣旨を説明します。

大阪大学・人間科学研究科では『シリーズ人間科学』という叢書を編んでいて、これまでに五冊刊行しています。いま六冊目の『越える・超える』を編集中です。六冊目の本では、ままならない世界で生きる私たち人間の弱さや脆《もろ》さ、儚《はかな》さに焦点が当てられます。私たちには、自分の生老病死はもちろん、頻発する自然災害や猛威を振るう新型コロナウイルス感染症（COVID-19）の拡大のこともどうにもままなりません。人間であることにつきまとうこうしたままならない出来事やものごとに対して、人間はどう〈人間〉らしく向き合い、何とか折り合いをつけて生きていくのか、すなわち、何とか越えて／超えていこうとするのか――これを主題とする人間科学の研究の一部を、この本で紹介する予定です。

加えて、学部一回生の必修授業「人間科学概論」のことも紹介したいと思ったのが、この座談会を企画したきっかけです。毎年、入学してきた学部一回生の多くが、「人間科学って何？」と他大学や他学部の友人に尋ねられ、答えに詰まるという体験をします。そんな一回生に、人間科学研究科とはどのような研究をするところなのかをイメージしてもらうために行われている授業が「人間科学概論」です。この授業には特徴が二つあります。まず一つは、専門の異なる複数の教員が一回生の前でディスカッションをする、もう一つは、一回生もそのディスカッションに参加する、というものです。この授業の様子を『シリーズ人間科学』の読者の皆さんに少しなりとお伝えすることができればと思っています。換言するなら、この座談会は、「不透明なままならない時代を〈人間〉としてどう生きるか」という課題に、「人間科学概論」の授業の形式で、今日の参加者全員で応答してみようというものです。

さて、大阪大学・人間科学部／人間科学研究科は、現在、四つの学系（行動学系、社会学・人間学系、教育学系、共生学系）に分かれています。そこで、以下ではまず、各学系の教員が一人ずつ話題を提供します。次に、話題を提供した四人の教員の間でディスカッションを行い、その後、いまオンラインでこの座談会に参加してくださっているオーディエンスの皆さん（学内外の学生・大学院生）にも、グループ・ディスカッションに参加していただきます。最後に、グループ・ディスカッションのなかで出た質問や意見に対して、四人の教員が時間の許す限り応答します。

では、まずは三浦先生、よろしくお願いします。

2　話題提供

(1)　行動学系から

三浦：社会心理学分野の三浦です。よろしくお願いします。

岡部先生の発題を受けて、私たちはこれからどうやって生きていこうかという、ふだんはあまり考えたくないような、しかし、それを考えざるを得なくなってしまった昨今の状況をどう考えるかについて、三つのキーワードを軸にお話しします。

まず「自然実験（natural experiment）」です。私たち社会心理学者の主たる研究方法の一つは実験です。実験では、人を特定の状況に置いて、つまり状況を操作して、それに対する反応を分析し、人間の行動のメカニズムを明らかにします。一方、歴史学や人類学では、これまで人間が直面してきたさまざまな状況変化を操作とみなし、そこで何が起き、人間とその社会がどのように変化したのかを考察します。これが自然実験です。

私たちは、いままさに、新型コロナウイルス感染症の流行という自然実験下にあるのではないでしょうか。日本に限らず全世界の人々が、*倫理審査で承認されていない、そもそも倫理審査の申請すらされていない実験に、同意をあらかじめ求められることもなく、強制参加させられているのです。通常の実験ならば、何の処置も施さない統制群を設定しますが、自然実験ではそれもない。全員が否応なく実験群に割り当てられ、感染禍という状況に置かれているわけです。

社会心理学では「状況の力（situational power）」という言葉をよく使います。これが二つめのキーワードです。人の心理や行動には、本人の特性や属性だけではなく、いやむしろそれら以上に、その人の置かれた状況が強く影響を及ぼします。これまで社会心理学者は、さまざまな状況を擬似的に作って研究してきました。例えば、非常に有名なのがエイモス・トゥバスキー（一九三七年-一九九六年）とダニエル・カーネマン（一九三四年-）の研究です。彼らは「アジア風邪」というインフルエンザの一種が大流行したという設定で、二つの治療法のうち、どちらを選択すべきかを尋ねる実験をしました。同じ内容でも、「これだけ助かる」というプラスの表現で尋ねると選ばれやすい一方で、「これだけ死ぬ」というマイナスの表現で尋ねると選ばれにくい。このように、人間はさほど合理的ではないということがさまざまな実験によって示されたのですが、まさにいま、彼らの想定したことが実際に起こって、私たちは意思決定を迫られています。仮想が現実になったのです。現状を自然実験下とみなし、状況の力を検証することは、社会心理学者にとってきわめて重要な研究テーマです。

私がこうした研究の際に注目すべきだと考えているのが、三つめのキーワード「デフォルト(default)」、つまり初期値です。某広告代理店は「ニューノーマル」などと格好よさげな名前をつけていますが、私たちがコロナ禍以前にデフォルトだと考えていたことは、これからも適用されるのか…。典型例が「ソーシャルディスタンス」です。ご存知の通り、これは物理的な距離をとるべしという話ですが、関係的な距離と物理的な距離はほぼ連動していて、距離の近さは親しみにつながります。それが、これまでのデフォルトだったわけですが、これからは、この連動が変わるかもしれません。そうすると何が起きるのか。興味深いです。他にも、メディア授業とか、リモートワークとか、オンライン会議とか、いずれもデフォルトが対面だから、そう言われるわけです。これも今後、変わるかもしれない。おそらく部分的にデフォルトは移行するでしょう。変化とか異常とかよく言われますが、それは通常や正常を暗黙のうちに仮定しているから、そう言われるわけです。では、仮定そのものが変わるとどうなるのか。

この世の中をどう読み解こうか、日々、考えています。考えているだけではなく、データを取っています。これからどんな変化が起きるのか、新たな挑戦だと思って非常にわくわくしています。

岡部：ありがとうございました。では、続いて辻先生、お願いします。

(2)　社会学・人間学系から

辻：コミュニケーション社会学の辻です。私は、ネット社会の研究をしていますので、その観点から話題を提供します。現在の不透明な時代状況には、社会学者のウルリヒ・ベック（一九四四年-二〇一五年）のいう「リスク社会」化の側面があるでしょう。今日の社会学は、危険（danger）とリスク（risk）を区別します。**Danger** は知覚しやすい危険のことで、例えば、かつて「柄が悪い」とされた地域は見た目にもわかりやすく、危ない目にあわないためには、そこに近寄らないようにするという対応が可能でした。これに対して、**Risk** は知覚が困難な危険のことで、今回のコロナ禍などがその典型でしょう。どうすれば感染を避けられるのか、よくわからないわけですね。

不透明なリスク不安が高まると、一つには権威主義と呼ばれる、専門家や指導者への依存が強まります。ＮＨＫが二〇二〇年六月に行った世論調査によれば、「感染症の拡大を防ぐために政府や自治体が外出を禁止したり休業を強制したりできるようにする法律の改正が必要だと思うか」という質問に対して、必要と答えた人が六二パーセントに上りました。しかし、すでにそうした法的措置が可能な欧米諸国に比べて、日本は法的な強制をせずに成功しているとも言える。にもかかわらず、強い力に頼ろうとする動きが出てくる。そこにある種の危うさを感じます。

また、専門知の結晶とも言える情報技術でリスクに対応しようという動きも目覚ましい。例えば、新型コロナ接触確認アプリですね。スマホの行動履歴をもとに、濃厚接触の可能性が判明すると通知がくる。ある種の個人情報がずっと監視される状況に置かれるわけです。もちろん、コロナ禍以前から、グーグルやアマゾンはユーザーの行動履歴をビッグデータとして収集・活用してきたわけですが、これを機に、情報技術による監視社会化を人々が積極的に支持する動きが強まるんじゃないでしょうか。

ただ、これが一概に悪いことだと言えるのかという疑念も、私にはあります。監視社会というと、ジョージ・オーウェルが小説『１９８４』で描き出したようなディストピアがまず思い浮かびます。そこでは人々が自由を制限され、不幸な状況にあるわけですけれども、いまの監視社会では、行動履歴や個人情報と引き替えに、私たち自身がそれ相応の安心や利便性を享受している。おそらく監視社会には二通りあって、一つは、これまでもディストピア的に描かれてきた「サーベイランス（surveillance 監視）」社会。これに対して、情報技術によっていま進みつつあるのは、使い方しだいでは人々を幸福にし得る「モニタリング（monitoring 見守り）」社会化と言えるかもしれません。

問題は、私たちがそれと意識しないうちにモニタリング下に置かれていることで、そこをどう可視化していくかが今後は重要になるだろうと思います。要は、モニタリングが権力的なサーベイランスに変わっていくのをどう抑止するかですね。ただ、ここでも、高度な情報技術のしくみは専門家にしかわからないので、権威主義的な依存を強めてしまう可能性もあるでしょう。

さらには、これまでの人間観を見直す必要性が出てくるかもしれない。これまでの近代的な人間観では、自立（independence）と自律（autonomy）が重視されてきましたが、情報技術や専門家のモニタリング（見守り）によって幸福に暮らせるのならば、自立・自律をある程度手放してよいのではないかという考え方もあり得るでしょう。近代的な人間観からすると、それは家畜を管理するようなやり方に思えてしまう。しかし、そういうある種の動物的管理を認めたうえで、人間的な生き方をどう成り立たせていくか。あるいは、人間的な位相から動物的に管理される位相にどうかかわり、どうコントロールしていくか。これが今後考えるべき課題となるのではないかと思っています。

岡部：ありがとうございました。では、次は、教育人間学分野の私から話題を提供したいと思います。

(3)　教育学系から

岡部：いま、私たちは「未曾有の（いまだかってない）経験」をしているとよく言われます。経験 experience の語源はラテン語の experiri ですが、これは、自分が安心して暮らしている共同体から外に出てみて、少し危ないことがあっても何かを試しにやってみる、という意味を含む言葉です。つまり、経験とは、予測ができない、そのために計画も準備もできない出来事やものごとに巻き込まれてしまったときに、少なからず危険を被りながらも、わからないなりにその状況に応答してみるなかで、人間が学び、成熟することを意味します。だとすれば、人間が生きるということ自体、何が起こるのか、どうなるのかわからない未来へと一歩一歩、踏み出していくという経験なのですから、たとえコロナ禍でなくても、私たち一人ひとりにとって生きることそのものが他の誰もしたことのない未曾有の経験をしているということになるとも言えます。

では、自分がいま、ここで、他の誰のものでもない、かけがえのない人生を経験していることの意味を、私たちはどう見出せばよいのでしょうか。例えば、コロナ禍の下、どうして自分がこんな目にあわないといけないいんだろうと思った人は少なくないでしょう。この問いに対して、新型コロナとはこういう性質をもつウイルスで…、と科学的、一般的な説明をしたとしても、それでは答えたことにはなりません。この問いに答えるには、他でもないこの「私」という人称性が重要になります。他でもないこの「私」のこの経験の意味を「私」の言葉で語ることができて初めて、「私」は、自分で（好んで）選んだわけではないのに被らざるを得なかった経験をどうにか受けとめて、「私」なりに「私」の人生を生きていくことができるようになるわけです。

そのような「私」の言葉を、一人ひとりの人に身につけてもらうにはどうしたらよいのかを考えるのが、私の研究主題の一つです。「私」の言葉といっても、自分にしかわからない言葉では意味がないわけで、他の人に通じるものでなければならない。他者と共有している言葉でありながら、他の誰でもない「私」なりの語りようができるようになる。そのためのリテラシーやそれを醸成する教育について考えてみたいと思っています。残念ながら、いまの学習指導要領下の国語教育は、グローバル化時代の標準化されつつある社会に適合するための能力を養う国語教育であり、いま、ここを生きるこの「私」の経験を「私」なりに語り、その物語を他者と共有するための言語教育ではないんですね。

ですが、これまでにも国内外で生活綴方教育や識字教育が行われてきましたし、*ポストコロニアルの文芸などの試みもあります。これらの試みの特徴は、発言することが難しい、あるいは、発言の機会が得にくい、あるいは、発言しても注目されにくいようなマイノリティの人々が、自分であること、自分が生きていることを証しするための言葉が用いられる点にあります。このような言葉は、ただ生きているだけでいいじゃないかと言われる人々と、よりよく、より〈人間〉らしく生きることができる人々とに人間を分断することなく、人々が連帯して社会の分断構造を変えていくのを可能にするものだと考えています。

今日、GIGAスクール、ICT化、国際化、少人数制、入試改革など、これからの教育をどう構想するかが活発に議論されています。これからの教育は、社会をさらに分断し、いまある格差やいま起きている問題をより深刻化する方に向かうのか、それとも、連帯を可能にしてより公正で公平な社会を構築する方に向かうのか。それもまた、私たちがこれからの教育をどのような言葉でどう語るのかに大きくかかっていると言えます。

では、お待たせいたしました。檜垣先生、お願いします。

(4)　共生学系から

檜垣：檜垣です。共生学系で哲学をやっています。哲学をやっている人間がどうして人間科学部にいるのかから話し始めれば、人間科学の歴史をめぐって一時間はかかるでしょうから、今日はできません。ただ、人間科学部の厚みは感じてください。

今日の座談会のタイトルは「不透明な時代を〈人間〉としてどう生きるか」ですが、では、不透明じゃない時代なんて果たして世の中にあったのか、と、まず、そこから考えるべきかと思います。だいたい不透明ですよ、すべての時代が…。例えば、昨年は二〇一九年でした。つまり、一九六九年の五〇年後ですが、では、一九六九年に何があったか、いまの大学生は知らないでしょう。僕は幼稚園児でした。この年、東京大学では入試がありませんでした。大阪大学も機能してなかったと思います。学生闘争というものがあり、東京大学の安田講堂は火炎瓶の炎と放水車の水、それと瓦礫のなかでした。これがたったの五〇年前です。いま大学が、COVID-19の影響でがらんどうになっているのを見ると、この状態って五〇年前の再来かな、五〇年前は学生が大学を潰しにかかったけど、今度は自然が大学を潰しにきてるのかなと感じなくもありません。大学も、ただパソコンに向かってオンライン上で学生と話すだけだと無人の廃墟みたいで、五〇年前とまるで状況は別ですが、どこか似ているなと思います。歴史は繰り返すってことを、ちょっと考えてもいいかと思います。

COVID-19は自然災害なのか。それがどう社会的に定義されるのかは今後の課題ですが、一つ確かに言えることは、これって、グローバリゼーションと密接に結びついていますよね。二〇〇〇年以降のグローバル化の時代では、卑近なところでは、私たち研究者が科学研究費補助金をとると、やれ国際化しろ、国際会議を開け、英語論文を発表しろと、そういう動きがものすごいスピードで起きています。が、今年は、それがまったくできません（とはいえ、二〇二〇年の秋には国際会議がオンラインで始まりました。これはアフターコロナのグローバルスタンダードになりますね）。こうしたグローバリゼーションは、*ネオリベラリズムの発想が支配する競争社会、つまり、強い者がますます富み栄え、弱い者を蹴散らすという社会のあり方と関連しています。COVID-19は、こうしたネオリベラルな社会にバサッと冷や水を浴びせた一面があると思うんです。五〇年前は、ある意味、戦後民主主義の曲がり角で、全世界で学生が民主主義に巣くっていた権威主義に対して猛然と暴力で反抗した。五〇年がたって不思議なことに、ネオリベラルなグローバル化に、天から振ってきたような感染症がある種のストップをかけている。もちろん、感染症が一気に全世界を駆けめぐるという状況は、グローバリゼーションの帰結でもありますから、理屈がないわけではない。だけどそれは、私たちがグローバル化社会やネオリベラル社会といったものを見直すきっかけになると思うんです。

いま何が起きているのか、本当にわかりません。ただ、ロックダウンとか都市封鎖とか、辻先生が挙げられたような昔の監視社会が剥《む》き出しに出てきているのが、やはり興味深いですね。これまではずっと、国境を開け、移民社会化しろ、そうでないと少子高齢化の先進国は経済がもたないぞと散々言われてきました。それが、あっという間に国境封鎖になる。この意味は大きいです。アフターコロナとグローバル化やネオリベラル化の果てという現象は、哲学屋としては、やはり歴史に立ち戻ってよく考えるべきだと思うのです。ひょっとしたら五〇年前を見ると、五〇年後が見えるかもしれません。そういう視角がまさに必要になっているんじゃないでしょうか。

岡部：ありがとうございました。では、ここからしばらくは、四人の教員で意見交換をする時間にしたいと思います。

3　教員どうしのディスカッション

檜垣：辻先生の話にあった監視社会ね。危険な側面があることも確かなんですが、コンビニについてる監視カメラで個人のプライベートの情報が取れるのに、あれはやっぱりついていると安心だわ、って思う人がかなりの比率を占めてしまう。監視社会化自体は、辻先生もおっしゃったように、進まざるを得ないと思うんですよ。僕は歴史に学べ、って言いましたが、インターネットとかのテクノロジーがどんどん変わっていくと、ビッグデータとかスマホとかで監視がどんどんできてしまう。それは、まさに動物的管理なんですよね。ミシェル・フーコー（一九二六年－一九八四年）が「牧人司祭権力」と言いましたけれども、要するに家畜の管理なんです。私たちは家畜化されてるんですよね。これに対して、いかんじゃないか、けしからん、と言えない状況にある。

このあまりに巧妙に仕組まれた、テクノロジーが張りめぐらされた監視社会で、人間の家畜的管理状態ができてしまったときに、それでも私たち人間が自立や自律を求めていきたいとしたら、それはどこに見出されるべきなのか。これは新しい経験ですよね。誰も感染症にかかりたくないから、自分が積極的にデータになることに協力するわけですよね。でも、すごく悪辣な奴が出てきてデータを変なことに使うって、いくらでもあり得るわけでしょ。どうしたらいいですかね。

辻：今日、非常に巧妙に管理することで人間を誘導できる情報技術が発達しているので、どう管理されているかをどう可視化するのかが、まずは一つの課題です。ですが、いま情報技術による権力をもっているのは、国家ではなくて、*GAFAみたいなグローバル企業なわけですね。だから、どう可視化していくのか、さらには介入していくのかが、実は未決の問題で、この仕組み作りを私たちは課題として引き受け、考えて提案していかなきゃいけないんじゃないかなと思います。

檜垣：一人一人の人間は、自分で決定しているように思っているんだけれども、実は何かに誘導されている、と…。

辻：人間は、従来から、それとなくコントロールされてきたところがあるし、そういう誘導のテクノロジーとして心理学的な知が使われる側面もある。その一方で、心理学的な知は、これまでうまくできている人たちだけが習慣や慣習として知っていたものを、誰の目にも見えるように明らかにしてきた、という部分もあると思うんです。

三浦：そうなんですよね。

岡部：私たちには、どこかしら、まるでそうであるかのように演出して生きているところがあります。まるで自立・自律して生きているかのように振る舞う、そういうことに近代以降の教育学はずっと加担してきました。いまだから、それがはっきり見えてきただけであって。じゃあ、そういうふうに振る舞うことを自覚的に引き受けて生きていくという場合に、そうであるかのようにの「そう」の内容をどうするかが、哲学や社会学で考えることなのかもしれません。実際にどう生きていくのかというよりは、どう生きているかのように私たちは振る舞うのか、と、そういうことだと思うのですが、いかがでしょうか。

三浦：そう、だから結局、人間が〈人間〉であることを引き受けるみたいになって…。それって、けっこうたいへんなんですよね。

檜垣：確かに。

三浦：大半の人は、そんなたいへんなことをあんまり引き受けたりせずに…
檜垣：なあなあに生きていこうと。
三浦：人間が〈人間〉であることは、けっこうな大事業なので…
岡部：はい、もう本当に。
三浦：それに気づくと、すごく生きにくくなるのが皮肉なところです。その生きにくさが何によるものなのかっていう本質的なところは、心理学者には難しくて…。心理学者が言えるのは、人間はそんなに賢くないよ、いろんな認識が実はそれぞれずれてますよ、っていうことなんです。あなたが見ているものは、他の人が見ているものとどこかちょっと違っていて、あなたが考えていることは、ひょっとするとちょっと間違っているかもしれない。こういうことを自覚しましょうね、というところまでが、心理学者の仕事なんですよね。じゃあ、真実って何なんだ、という話になると、もう手がつけられないので、それは哲学とか、もっと高次な学問の…
檜垣：いやいやいや…
三浦：いや、別に皮肉や謙遜を言っているわけではなく、そういうものなんだと思っています。
辻：岡部先生がおっしゃいましたが、〈人間〉として自立・自律して生きているかのように、っていうフレーズは、オーディエンスの方々からすると、ちょっとネガティブなニュアンスのように聞こえるかなと思うんですけど、そんなことはないんですよね。
岡部：そうですね。

辻：かのように、というのは、「虚構」というよりも「擬制」、たとえば実体としては紙切れにすぎないものを貨幣とみなすようなものでしょう。確かに、人間は、動物とは違う〈人間〉という存在なんだ、と実体視してしまうのも問題かもしれないけれど、それは虚構に過ぎないんだと、悲観的に、ネガティブに捉える必要はないと思うんですね。実は、その虚構性・擬制性が人間を人間たらしめている本質的な部分でもあると思うのです。そこをどう担保していくかが重要なんじゃないかなぁと思います。人間は自然に〈人間〉として存在するという見方って、もう揺らぎ始めているので、重要な価値や意味のある必要なフィクションとして〈人間〉というのをどう成り立たせていくのかがポイントなんじゃないかなぁ。

岡部：はい、まさにポストコロニアリズムが問うたのは、そこだと思うんですよね。これが〈人間〉の本質だと言われていたものが、たかだかヨーロッパのほんの一部の人たちの生き方に過ぎなかったんだ、と。世界にはいろんな人たちがいて、それぞれにいろんな自然な生き方をしてるんだ。〈人間〉としての自然や本質は作られたものに過ぎなくて、作られたものが習慣化・慣習化することで、私たちはそれを自然なもの、本質的なものとして受け取る。もちろん、それ自体いけないわけではないのだけれども、それを私たちとはまた別の自然な生き方をしている人に押しつけてしまうのはどうだろうか。そこには、権力が働いているのではないか。そう指摘したのがポストコロニアルの思想です。

檜垣：それに関連して、一つ質問があるのですが…。先ほど、岡部先生はマイノリティの話をされましたけれども、実は、権力者だろうが誰だろうが、ある意味では、皆、マイノリティなわけですよね。どんな人だって、自分のなかにマイノリティである部分を必ずもっている。誰もがもっているそんな弱い部分が、いま、ロックダウンで人とつながることができない状況のなかで吹き出してきている。そういう側面があるんじゃないかと思うんですけれども、その点どうでしょうか。

岡部：まさにそうだと思います。マイノリティとは、人数がより少ない集団のことをいうのではなくて、自分が自然だ、本質的だと思うことをするのに、いちいち他者（マジョリティの人々）に言い訳や説得をしないといけない立場に追いやられている人たちのことをいいます。だとするならば、まさに檜垣先生がおっしゃったように、いまは誰もが、なぜ、自分がそう行動をするのかを他者に説明しなければならなくなっている。ステイホームか、外に出るか。マスクをするか、しないか。そういった日常的な行動をどうするかについて、いちいち理由を考えて表明しないといけなくなっているわけです。電車のなかでマスクをしないなんて、つい、この間までは、それがマジョリティだったのに、もう相当にマイナーな行為になるわけです。

檜垣：睨まれますからね。

岡部：全員がマイノリティになるという状況をいま日常として生きているからこそ、自分はどうしてここでこうしているんだろう、ということを自分できちんと言っていかなくちゃいけない。でも、この状況を逆手にとることもできると思うんです。「自由」という言葉のそもその語義は、外から押しつけられたり借りたりしたのではなく、自分のなかに理由があること、なのですから、自分の理由をきちんと相手に伝えて行動できるいまの状況は、〈人間〉として自由であるということもできるわけですよね。監視社会の下の自由というのは、そんなふうに誰もがマイノリティであることを自覚するところに現れるものじゃないかなとも思います。

檜垣：うん。一人の人間のなかにも必ずマイノリティの部分とマジョリティの部分があって…。僕だって、五〇代後半でだんだん老いていく。老化っていうのは、マイノリティのなかに入っていくことですよね。震災も、コロナ禍もそうでしょうし。これからの新しい生活は、あぶり出されてくるそういう人間の弱い部分をどうやって組み込んでいくのかなぁ、っていうのがやっぱり気になるわけです。まあでも、社会心理学的にいうと、人間がこんなふうに座談会を開いていろいろと考えていることなんて、だいたい浅いよ、ということで…（笑）。

全員：いやいやいやいやいや（笑）。

三浦：社会心理学者は、と一般化するまでの蛮勇はないですが、人間の日常の考えは、だいたい浅いと私は思っていますよ。

岡部：はい、では、いまからオーディエンスの皆さんにもグループ・ディスカッションに参加していただきます。それぞれのグループで議論してもらい、そのなかで出てきた質問・意見を取りまとめて報告してくださいますか。

4　質疑応答

岡部：（約一五分のディスカッションの後）では、皆さんからいただいたご意見やご質問に答えていきたいと思います。

質問A：「私」の言葉で語ることの意義に共感します。ただ、ポストコロニアリズムの文脈でいう*サバルタンの問題がありますし、言葉を発しても聞かれない人々もたくさんいます。その状況のなかで、マジョリティである人々がマイノリティとして発言することによって、発言しても聞かれない人をさらに周縁に追いやるのではないかとの危惧があります。そのことについてどう思われますか。

岡部：これは本当に大きい問題だと思います。私は、語ること以上により大事にしているのが聞くことで、ある人々が発することのできなかった声をいかに聞くのかを教育の問題として考えています。例えば、戦争や震災で亡くなった方の経験を私たちはどう聞くのか。正確には、どう構想することができるのか。語られてないから、書かれていないからといって、ないわけではない。残されている痕跡はいろいろあるわけです。それをどう読み取り、どう聞き取るかも同時に考えていけば、問題解決への手がかりが見つかるんじゃないかと思っています。

檜垣：マジョリティである人がマイノリティとして語ることによって、さらなるマイノリティが生まれてしまう。これは非常に難しくて、政治的な問題として考える文脈と、人間学的というか哲学的な問題として考える文脈とがあって…。人間には、表現できない可能性がどこまでもありますよね。自分のことを表現しろって言われても、わざと語らないこともあれば、どうしても語れないこともありますよ。すべてを明らかにしようとすること自体が、本人にとっても政治的にもいいのかどうか…。複雑な問題だとしかいいようがないと思いますね。

質問B：監視社会化が進むなかで、管理をする専門家と管理される人々はどう違ってくるのでしょうか。また、両者はどの段階で選別されるのでしょうか。このような社会で生きるのに注意すべきことは何でしょうか。

辻：従来の監視社会は、国家みたいな大きな権力があって、それが人々を管理するみたいなイメージだと思うんですね。でも、いまは、ＧＡＦＡと言われるような民間の巨大ＩＴ企業が管理する力をもっているわけですね。じゃあ、ＧＡＦＡの人たちが、管理してやるぞ！みたいな感じで権力を振りかざしているかというと、そうではない。彼らは、管理する側でありながら、同時に管理されてもいる。この状況で一つ考えられるのは、国家権力とＧＡＦＡみたいな大きな民間権力との関係をどうやって互いに抑止し合うような形に組んでいくのかということかなぁ、と思います。

また、選別については、現実問題として、これまでと同じような形になっていくんだろうなぁと思うんですね。入試でいい大学に入って、エリート層に組み込まれていく、っていう。要は、そのエリート層に求められる質、例えば*ノブレス・オブリージュみたいな、これまでのエリート層に求められてきた質が、民間権力みたいな茫漠としたものが生まれつつあるときに、うまく機能するのかどうかが、私にも正直よくわからないところがあります。

岡部：個々の人の自由な判断の結果が、いまの社会システムでは、民間権力の維持や増大におのずとつながってしまうとするならば、個々人の自由な判断に権力への抵抗を任せていいのかどうか、という問題はやっぱり残りますよね。

辻：行政とか立法はよりよきものを志向するんですけど、民間の場合は、その志向が弱いと思うんですね、利潤原理で動くので。その民間権力が結果的によりよき価値の問題に現実にかかわってくる場合に、やっぱり、これまでとは違うノブレス・オブリージュみたいなものを考えなくちゃいけないだろうというのは、当然あると思います。

檜垣：ＧＡＦＡは、国境を越えて動くという、ある意味、最先端のことをやっていて、だけど税金を極力納めないような工夫をする。そのお金はどこにいってるんだ、という話ですよね。世界の上位六〇〜七〇人の人が約半分のお金をもってるわけでしょ。この状況は、封建社会の王族とほとんど変わらないじゃないか。だから、やっぱり統制が難しいですよね。国連だって国家じゃないし。国家をまた別に再定義しないといけないのもあると思うし。

岡部：「よい」という場合、全員にとってよいものはなくて、では、どういう人たちがどういう力学のなかで「よい」といっているのか。自分はその力学を行使する人々のなかに入っているのか、いないのか。入っていないとしたら、あらためて自分にとって「よい」ものとは何なのか。こういうことを個々の人がそれぞれ表明することがこれから必要になってくるのかなぁと思うんですよね。教科書や新聞に書いてあるから、それがよくて正しいんだ、と引き受けてしまうのは違うのかな、と。

辻：国家による従来の政治のなかでは、選挙などによって、権力がわりと可視化されていたと思うんですけど、ＧＡＦＡの場合、その政治プロセスから自分が排除され、不利益を被っているのかどうかが不透明であるところが、ちょっと難しいところだろうなと思います。

質問Ｃ：〈人間〉について何も考えずに、なあなあで生きていくこともできるのに、あえて〈人間〉として生きるためにどうあるべきかを考えることの意義は何だと思いますか。

三浦：別に、なあなあで生きたければ生きればいいと思うんですけど。でも、なあなあじゃない方が楽しくないですか。世の中のいろんなものを見て、自分はどうしようかとか、これからどうなるのか、これまではどうだったのか、といろいろ考える方が楽しいんじゃないか、生きていて面白いんじゃないでしょうか。

人間科学部って、人間を対象にしているいろんな学問が集まって、人間にいろんな形で光を当てている。私は私なりに、統計なりデータなりという光を当てている。個々の研究者が見ているのは、たぶんのっぺりとした二次元のものなんだろうけれども、皆で光を当てるので3Dになって、〈人間〉がこう何となく全体として見えてくるみたいなことがあるのではないか、と。いろいろな人がいて、いろいろな形で光を当てるのが面白いなと思う人が人間科学部に来ると楽しいんじゃないかな、と思います。

辻：言いたいことを先に言われちゃった感じなんですけど。なあなあに生きていけるなら、それで別にいいと思うんですね。じゃあ、なあなあに徹して生きることができるかというと、私はたぶんそれができないんですよ。ちょっと退屈に感じちゃうと思うんですね。どうしても何かはみ出しちゃいそうなことがあるんで、それを考えること自体がたぶん私にとっては面白い。考える意義がどこか別のところにあるんじゃなくて、考えること自体が面白いという意義をもっている。自分としたら、考えざるを得ないし、考えるのが楽しい、っていうことです。

檜垣：私、あと三、四年で六〇歳になります。一八歳から大学に入って、いままで大学以外に勤めたことがないんですね。本を読むのが好きで大学に行ったら、お前は助手になれって言われて、はあって言ったら、どっかの大学の先生になれって言われて、はあ、はあって言ったという、まったくなあなあな生き方をしてきました。これから平均寿命まで生きるなら、あと二〇年以上、生きなきゃならないんだけれど、もう、なあなあじゃ生きられないやって。じゃあ、僕は〈人間〉として何をして生きるの、と。要するに、八〇歳、九〇歳まで生きる方がむしろ、いま、ここで問われているような、なあなあでない生き方が求められちゃうんですよ。先生方ももうすぐですよ（笑）。ちょっと深刻な問題です。はい。

岡部：なああで生きることがいいとか、いけないとかじゃなくて、自分がそれをするか、しないかという決断の問題かな、と思います。このことについて考えてほしくて、このオンライン座談会を企画したところもあります。今日では、何をするにしても、何を言うにしても、なぜ、そんなことしたの？　どうして、そんなこと言ったの？　って問われてしまう。正解などなくて、ふつう誰でもこうでしょう、っていう「一般常識」も、もはや共有できなくなりつつある。

例えば、延命治療の技術がさらに発展したら、私たちは自殺か、家族による（委嘱）殺人という形でしか死ねなくなってしまうかもしれない。いつ、どう死ぬのかは、あなた（と家族）で決めてください、って言われる時代になってきている。いつ、どう死ぬかなんて、怖くて自分では考えるのも嫌ですし、家族の死だって、とても決められない。このように、どうにも決められないことを、自分（たち）で決めてくださいねと言われる時代に、決断をなあなあにしていたら、他人が決めていくわけですよね。でも、他人に決断を委ねるというその選択も、あなた自身が自己責任で選び取ったことになるわけです。

そういうこれからの時代に、私たちが自分の生き方とか、自分らしさ、〈人間〉らしさをどう考えるのかについて、皆さんと一緒に議論してみたかったというのが、この座談会の企画趣旨です。こういう趣旨で二時間にわたって議論をしてきました。皆さんのなかに何かが残れば、あるいは、皆さんにとって何かのきっかけになれば嬉しいです。では、これで終わります。参加してくださった皆さん、先生方、ありがとうございました。

一同：ありがとうございました。

（この座談会は、二〇二〇年七月三〇日に、大阪大学人間科学部の一回生を対象とした必修授業「人間科学概論」の一環として実施したものであるが、特別公開授業として参加者を広く募り、当日は、同学部の二～四回生・大学院生、他学部・他大学の学生・大学院生、学内外の大学教員も合わせて約一二〇名がオーディエンスとして参加した。）

【用語解説】

○倫理審査

研究の計画が、人間や動物の生命や生活に悪影響を及ぼさないよう、大学や学会などであらかじめ定められた倫理規程を満たす適切な内容かどうかを審査し、認められた研究のみが実施されるというシステム。いま、大学などの研究機関で行われる心理学や医学などの研究は、原則としてすべて倫理審査を受ける必要がある。

○ポストコロニアリズム（postcolonialism）

「植民地主義（colonialism）の後（post）」を意味する語で、第二次世界大戦前の西洋による植民地支配を批判的に考察する理論をさすとともに、今日もなお旧植民地に残る西洋中心主義的な社会的・文化的傾向や、現代社会に見られるかつての「宗主国―植民地」関係に似たマジョリティ―マイノリティ構造を批判する理論をさす。

○**ネオリベラリズム（Neo-liberalism）**

もとは思想上の自由主義から発しているが、後期資本主義においては、経済的な側面で規制緩和的な国家の介入を避ける動きをさす。ＧＡＦＡなど多国籍企業による活動をさすが、そこでの国際的・国内的な格差の固定は大きな問題となっている。

○**ＧＡＦＡ**

Google, Apple, Facebook, Amazon という四大ＩＴ企業の頭文字をとった略称。

○**サバルタン（subaltern）**

社会の権力構造から疎外されている人々をさす。ただ単に下位や周縁にいる人々のことではなく、自分固有の思考や言語を放棄して、自分を抑圧する権力者の思考や言語を受け入れるという二重の服従の下でなければ、その存在を認められない人々のこと。

○**ノブレス・オブリージュ（noblesse oblige）**

フランス語で「貴族の責務」を意味する語。ここでは、エリート層に求められる市民・公衆全般への配慮や倫理性などのことをさす。

参考図書

- ジョアンヌ・R・スミス他（二〇一七）（樋口匡貴他訳）『社会心理学・再入門――ブレークスルーを生んだ一二の研究』新曜社

私たちの人間理解に大きな影響を与え続けている社会心理学の古典的研究が生まれた社会的背景や研究の実際、その後の批判と展開、社会に与えたインパクトまで、詳しく解説されている。

- ウルリヒ・ベック（一九九八）（東廉・伊藤美登里訳）『危険社会――新しい近代への道』法政大学出版局

原著の出版は三〇年以上前だが、論じられている内容は必ずしも古びていない。ベックの言う「危険 Risiko」に、今日のコロナ禍がすんなりあてはまる側面とあてはまらない側面を考えてみるだけでもおもしろいだろう。

- 無着成恭編（一九九五）『山びこ学校』岩波文庫

生活綴方の指導で知られる山形県山元村中学校の教師・無着成恭が編んだ、子どもたちによる詩・作文集。戦後直後の子どもたちの生活現実とその現実に根をはる日本社会の問題構造が子どもたち自身の言葉で綴られており、戦後の教育および社会改革運動の一つの契機となった。

- 小熊英二（二〇〇九）『一九六八　若者たちの叛乱とその背景』上下巻　新曜社

「五〇年前」の歴史について考えるには、いろいろな評価がなされているものの資料としてすでに基本書になっている。当時の「若者の叛乱」と現在の「自然の叛乱」は何かしら規制の体制を壊し、新たな世界を予見させたという意味で示唆的でもある。六八年は「革命」として「失敗」であった。しかし六八年以降の世界は確実に何かが変わった。COVID-19も同様だろう。

「超える」こととしての人間科学——結びにかえて

ここまで読んできてくださった皆さんは、あるいは、これから各章を読もうと思ってくださっている皆さんは、何をきっかけに本書を手に取ってくださったのだろうか。「越える・超える」というタイトルフレーズが目を引いたのだろうか。それとも、既刊のシリーズ人間科学・五巻のうちのどれかを読んで、「人間科学」というものに興味が湧いたからだろうか。もしかしたら、「人間科学」を冠する学部・大学院、学科・コースで学ぶために受験することを考えている高校生や大学生もいるかもしれない。

そこで最後に、「越える・超える」、とりわけ「超える」という人間の行為が、単に人間科学の一研究テーマというのに留まらず、人間を主題とする研究全般にとって、さらには人間が生きることそのものにとって重要な意味をもつものであることを付言しておきたい。

1　人間科学の源流

まずは、人間科学の学説史を概観しておこう。

私たちの学部・研究科が冠する「人間科学（human sciences《ヒューマン　サイエンシーズ》）」という語は、フランス語の sciences《シアンス》 humaines《ユメンヌ》（人間科学）に直接的な起源をもつ。sciences humaines は、二〇世紀に入ってから頻用されるようになった言葉で、ドイツの哲学者ヴィルヘルム・ディルタイ（一八三三年—一九一一年）の提唱した「精神科学（Geisteswissenschaften《ガイステスヴィッセンシャフテン》）」のフランス語訳として用いられたことがよく知られている。精神科学とは、ごく簡単に定義するなら、自然科学に対置される学問領域をさす言葉であり、いわゆる人文学（the humanities《ヒューマニティーズ》）および社会科学（social sciences《ソーシャル　サイエンシーズ》）と呼ばれる領域に属する学問諸分野がこれに当たる。

自然科学は、人間の周囲の自然はもとより人間そのものをも研究対象として、その性質を数学的手法で一義的に——意味が一つに限定されているがゆえに誤解の余地がない状態で——明らかにし、一般化・普遍化すると同時に法則化する。したがって、同一の条件設定で、所定の手続きさえ整えれば、いつ、どこで、誰がかかわっていようとも、（ほぼ）同一の結果に至ることができるのが、自然科学の特徴である。この自然科学の研究成果にもとづいて、人間は、自然界と人間社会におけるものごとや出来事、そして人間自身にかかわることがらについても、合理的に——あらかじめ定めた目的に即して効率的に無駄なく——統制することができるよう、さまざまな技術を開発してきた。

現実に存在する個別具体的なさまざまな違いを捨象して、いつでも、どこでも、誰にでも平等に同一の結果が訪れるよう、さまざまな技術によって合理的にセッティングされている近代以降の社会のことを、アメリカの社会学者ジョージ・リッツァ（一九四〇年–）は「マクドナルド化された社会」と呼ぶ。例えば、初めて訪れる異国の地では、注文や支払いのシステムが異なるため、レストランなどで食事をするのに手間取ることがしばしばある。だが、世界中どこにいても、マクドナルドに飛び込みさえすれば、たとえ現地の言葉が話せなくても、私たちは、日本にいる時とほぼ同じ注文や支払いのシステムに従って、日本のものとほぼ同じハンバーガーを食べることができる。そのためか、日本ではいささか見飽きた感のある、人によってはチープで俗っぽく思える「M」の字を象った看板が、異国の地では、懐かしい知人にばったり出会ったかのような既視感と安心感を私たちに与えてくれるものとなる。

リッツァが持論の支持としていたドイツの社会学者マックス・ウェーバーは、私たちの社会の政治・経済システム、いわゆる官僚体制が同様の構造をもっていると指摘した。日本を始めとする近代化した社会の政治・経済システムの下では、貨幣を入れてボタンを押せば目当ての品物が出てくる自動販売機のように、全員に共通の所定の手続きさえ踏めば、誰に対しても同じ形式の書類や処遇が平等に提供されることになっている。近代以降のこうした政治・経済システムは、私たちの日常生活に安定と安心、便利さや快適さを与えてくれる。それゆえに、自然環境の破壊や政治・経済システムの制度疲労が問題視されている今日でもなお、私たちの暮らしのさらなる安全、安心、便利さ、快適さを追求するべく、自然科学のよりいっそうの高度化、すなわち細分化と緻密化が推し進められているのである（もちろん、所定の手続きを踏むまでのところで不公平や不公正があり、それが格差や貧困といった今日の社会問題の温床となっているのだが……)。

しかしながら、よく考えてみれば、私たちが実際に生きている具体的な日常生活は、数学的な手法で一義的に明らかにすることのできない曖昧さや多様性に満ち溢れている。例えば、「ちょっと待ってて」、「しばらく様子を見てみよう」、「その辺を散歩してくる」、「水と塩を少々」、「心持ち、右に傾けて」、「最近、どう?」といったフレーズを、多くの人はこれまでに一度は聴いた/言ったことがあるのではないだろうか。その場合、コミュニケーションに誤解や齟齬を来さないよう、「ちょっと(しばらく)とは、何秒(何日)のこと?」、「その辺とは、どこからどこまで?」、「少々とは、何グラム?」、「最近って、いつから現在までのこと?」と一義的に言葉の意味内容を確定しようとすれば、かえって、コミュニケーションのスムーズな進行を妨げてしまいかねない。このように、私たちは、言説の意味内容を敢えて確定せず曖昧なままにすることで、日々の生活をうまく営んでいる。

では、数字や数値に表されたことがらなら、私たちは一義的に明らかに理解しているのかと言えば、これも一概にそうとは言えない。例えば、読者の皆さんのほとんどは「一」という数字を日常生活のなかで難なく使いこなしておられることと拝察するが、では、「一」とは何かを、辞書などに頼ることなく、「一」を知らない幼児にもわかるように、きちんと説明することができるだろうか。ジェスチャーで「一」を表す時、日本では人差し指を立てることが多い。

その指一本はもちろん「一」だが、指が複数本ついている手・腕も、私たちは「一」本と数える。そして、手・腕が二本ついている身体を、「一」体ないしは「一」人と数える。さらに、四〇人、時には一〇〇人以上出席している大人数授業も、私たちは「一」クラスと数える。さて、「一」とは、いったい何なのだろうか。実は、日常生活のなかで特に不自由なく使いこなしている記号や語句であっても、いざ、一義的に精確に定義して他者に教えるようにと言われたら、戸惑うことがしばしばある。

他方また、一万円という値段が安いか高いかの判断は、その値段のついた品物それ自体の様態だけではなく、それを作った人や提供しているメーカーやブランド、その時々の市場の相場、そして購入する人の経済状況によって、あるいはまた、共にいる人やその時の気分によっても、変わってくる。

このように、人間が自分たちの生（生命・生活・人生）や社会をどのように経験しているのかについては、自然科学のように数学的な手法で一義的に明らかにして説明することができない。それは、ある特定の人間が置かれている現実的かつ個別具体的な歴史的・社会的・文化的な文脈（context）《コンテキスト》に即して多様にかつ多層的に理解され得るのであり、そうである必要がある。このような人間の生の経験に焦点を当てようとしたのが、一九世紀にディルタイが提唱した精神科学なのであった。換言するなら、人間が自らの生や社会のあり様を認識する際に、いつでも、どこにいてもブレないような、誰にとっても同一の（理想的な）定点から、単一の正解があるかのように観るのが自然科学であるとすれば、これに対して、時や場所、置かれている文脈の違いからそのつど影響を受けて移ろう、現実世界で個別具体的な経験をしている有限な人間の視点から観ようとするのが精神科学なのだと言える。このような精神科学に、人間科学の源流の一つがある。

ところで、二〇世紀に入るころになると、自然科学のみならず精神科学の領域においても学問諸分野の細分化と緻密化――俗に言うなら、たこつぼ化――が進み、そのために、「人間」という存在を統合的に捉えることが難しくなってきていた。「人間」とは何か。「私」という人間はどういう存在で、なぜ、今という時代に生まれ、ここに存在しているのか。「人間」らしく、あるいは「私」らしく生きるとは、どう生きることなのか。人々が日々の暮らしのなかで抱くこうした問いに答えるためには、細分化、緻密化している学問諸分野の個々別々の成果を統合し、「人間」にかかわる学際的な知を生み出すことが必要となってきていた。一九～二〇世紀の世紀転換期におけるフランスの sciences humaines ――哲学や歴史学を基盤としつつも、心理学、社会学、文化人類学などが新たに、相互に影響しながら興隆――やドイツの「哲学的人間学(Philosophische《フィロゾーフィッシェ》 Anthropologie《アントロポロギー》)」――生物学や医学などといった自然科学の諸成果を哲学的・歴史的な考察に取り入れる点が特徴的――などは、そのような学際的な統合科学としての人間科学の源流だと言うことができる。フランス、ドイツなどヨーロッパで生まれたこの学問の潮流はまた、シカゴ学派――シカゴ大学の教授陣が主軸を成す研究者集団のことで、プラグマティズムと記号論を展開した哲学・教育学や都市社会学などが知られている――やドイツで哲学の素養を積んだ後にアメリカで活躍した文化人類学者フランツ・ボアズ（一八五八年―一九四二年）を介して、アメリカの社会学、生態学、文化人類学などに影響を及ぼすこととなった。

以上に述べてきたフランス、ドイツ、アメリカの人間科学／人間学／人類学とそれぞれのその後の展開・相互交流が、大阪大学人間科学部・人間科学研究科の創設時（一九七二年）の設立構想に少なからず影響を与えている（影響を与えた学問の潮流は他にもいくつか挙げることができるが、ここではこれ以上の詳細は割愛する）。あらためて確認するなら、現実の個別具体的な人間の生の経験に焦点を当てること、「人間」なるものを統合的に、それゆえ学際的に探究すること、人間科学におけるこれらの重要性は創設時から謳われていたのだと言える。

本書を一読していただければ、読者の皆さんは、所収の論文のいずれにおいても、この二つの特徴が――少なくとも一つは――反映されているのに気づかれることだろう。意識と無意識の葛藤に悩む「人間」（第一章）、トラウマ・逆境体験あるいは精神障がいとともに生きる「人間」とその人に寄り添いケアする「人間」（第二章・第三章）、生まれた時からいつか来る死に向かって老いていく「人間」（第四章）、病や苦境を「超えて」よりよく生きるために、呪術や宗教といった文化を育み慈しむ「人間」（第五章・第六章）、被災および未災の経験を生きる「人間」（第七章）、遊ぶ「人間」《ホモ・ルーデンス》（第八章）、そして最終章では、コロナ禍の世界をまさに今、生きている私たち「人間」が論じられている。いずれにおいても、さまざまな個別具体的な現実を生きる人間の経験が主題になっていると言える。また、第二章では（教育）心理学と福祉学、第七章では教育人間学と社会心理学と哲学、第九章では社会心理学、社会学、教育人間学、哲学を架橋する学際的な対話の成果が取り上げられている。

2　人間を観るまなざしに潜むバイアス

ここで、あともう一つ、人間科学の特徴を挙げておきたい。哲学者の西谷修（一九五〇年–）によれば（酒井直樹・西谷修（二〇〇四）『増補〈世界史〉の解体――翻訳・主体・歴史』、以文社、二一頁）、西洋における human（人間）の語源であるラテン語の Humanitas《フマニタス》は、西洋の人間とそのあり様を主題とする the humanities（人文学）のことをさす。これに対して、同じ人間でありながら、西洋人によって支配・統制される対象として見出された人々――アジア、アフリカ、ラテンアメリカなどの非西洋地域の人々――は anthropos《アントロポス》（ギリシャ語で人間（男性））と呼ばれ、アントロポスのあり様を主題とする学問は、人文学と区別して、anthropology《アンソロポロジー》（人類学・人間学）と名づけられた。anthropology が興隆した一九–二〇世紀の世紀転換期、アントロポスと呼ばれた人々は、西洋の人々にとっては「ほとんど動物と同じように、生態学的なというか、自然誌的、博物学的な研究の対象」に過ぎなかった、と西谷は嘆じている。つまり、西洋の学界では当初、西洋人を主題とする研究と非西洋人を主題とする研究とを、優劣の価値観を色濃く反映しながら明確に切り分けていたのである。

他方また、哲学者の中村雄二郎（一九二五年―二〇一七年）は、一九六〇年代初頭に刊行された三冊の著書によって、三つの新しい人間が発見されたと述べている（中村雄二郎（一九八四）『術語集――気になることば――』、岩波新書、七六頁）。新しい人間とは、フィリップ・アリエス『〈子供〉の誕生』（一九六〇）における子ども、ミシェル・フーコー『狂気の歴史』（一九六一）における「狂人」、そしてクロード・レヴィ＝ストロース『野性の思考』（一九六二）における「未開人」である。新たに発見されたというこの三種の人間は、総じて、共同体や社会の中心にいる人々――大人、「正常」ないしは健常とされる人々、西洋人（白人）――に対して、周縁に位置づけられてきた人々である。彼（女）たちは、旧来は、中心へと近づくべきだとされ――時に、それを強いられ――、もし、中心に近づけない／近づこうとしない場合は、共同体や社会から排除されたり、そのなかにいながらも特定の施設に隔離されるなどの措置によって包摂的に排除されたりしてきた。

実のところ、教育学、心理学・精神医学、文化人類学は、学問分野としての成立期（一七世紀から二〇世紀初頭にかけて）には、周縁に位置づけられた人々を中心へと回収し同化すること、ないしは彼（女）たちを包摂的に排除することに加担していた。というより、ある意味では、彼（女）たちの同化ないしは包摂的排除を目的として誕生した学問だったと言っても過言ではない。

だが、時代が下り、二〇世紀も半ばを過ぎるころになると、それぞれの分野において、そのような中心―周縁構造を批判的に省察する動きが活発化し始めた。各学問分野の研究者たちは、自らの認識や思考をそうした中心―周縁構造から解放し、離脱させようと試みるようになった。具体的に述べるなら、周縁に位置づけられてきた人々――子ども、「狂人」、「未開人」――を、従来のように――つまり、かつて宗主国の人々が植民地の人々に対して示していたように――既存の共同体や社会に同化するべく支配・統制しようとするのではなく、既存の共同体や社会を創造的に改革するための契機を提供してくれる対等な「他者」と見なし、彼（女）たちと公平・公正な態度で対話・議論するのに必要な視点や技法、方法論や学術用語の探究・開発に尽力するようになっていったのである。従来の学究の姿勢を colonialism《コロニアリズム》（植民地主義）と呼ぶとすれば、今日、省察を伴いながら展開されている学究の姿勢は postcolonialism《ポストコロニアリズム》（後・植民地主義）ないしは decoloniality《デコロニアリティ》/decolonialism《デコロニアリズム》（脱・植民地主義）と呼ぶことができる。

実は、本書に寄稿している著者一二人のうち八人が、教育学、心理学・精神医学、文化人類学のいずれかを専攻しており、あとの四人も、うち二人が、フランスやアメリカの人間科学／人類学の基礎学であった社会学を専攻しているのだが、これはまったくの偶然というわけではない。

ここで言いたいのは、人間および人間の社会を主題とする研究者の認識や思考に知らず知らずのうちに入り込み、つねにすでに作用しているバイアス（偏見、偏向、先入観）を省察することの必要性と重要性である。研究者もまた、他の人々と同様に、日々、個別具体的な文脈のなかで現実を生きている一人の人間に過ぎない。したがって、その認識や思考にまったくバイアスがかかっていないことなど、基本的にはあり得ない。だからこそ、自分の認識や思考にどのようなバイアスがかかっているのかを慎重に省察し、その特性と危険性を十分に自覚しておくことが、研究を遂行する上で極めて重要となる。省察のための方法論は、それぞれの学問分野ごとにさまざまに開発されているが、学際的なグループを組んで他の学問領域・分野の研究者と協働するなかで対話・議論を交わすことは、その一つの主要な方法論でもある。なぜなら、異なる学問領域・分野との出会いは、自らの学問領域・分野が自明の前提としている認識および思考の枠組みを問い直すきっかけを提供してくれるからである。本書所収の論文では、特に第二章、第三章、第九章のなかで、このことが取り上げられている。

　研究者の認識や思考に入り込んできて作用するバイアスには、他にも、**orientalism**《オリエンタリズム》――西洋が発見した東洋、西洋から見て評価することのできる東洋らしさを、実際の伝統的な東洋の姿として東洋の人々が受け入れる態度――や **egocentrism**《エゴセントリズム》（自己中心主義）や **ethnocentrism**《エスノセントリズム》（自民族・自文化中心主義）――自分（たち）のものの観方が（もっとも／ただ一つ）正しいと思い込む、あるいは、他者が自分（たち）と同一のものの観方をしていることを自明の前提にしてしまう傾向――などがある。

　ところで、こうしたバイアスに留意し、省察する必要があるのは、実のところ、研究者だけではない。たとえば、読者の皆さんのなかにも、西洋の人々を前にして「日本について紹介してほしい」と言われた時、ふだんの生活ではあまり馴染みのない着物や茶道などといった「伝統文化」を、「私たちの文化」として紹介しようと考えてしまう人が少なくないのではないだろうか。中学校や高校で古典語・漢文と英語を学習していた時のことを思い出していただきたい。近代化＝西洋化が進んだ今日、私たちの日常にとっては「伝統文化」の方が西洋の文化よりもむしろ疎遠となっているという事実は否定できない。

また、次のような事例を挙げることもできる。読者の皆さんは、自分には比較的簡単に思える問題がわからない、だから教えてほしいと言ってきた娘・息子や兄弟姉妹、友人に対して、「どうしてこんなことがわからないの?」、「どこがわからないか、言ってみて」と言ったことはないだろうか。そして、その際に、嫌な顔をされたり、「じゃあ、もう教えてくれなくてもいい!」と、いわゆる「逆ギレ」をされた覚えはないだろうか。何事においても、わかった人／できるようになった人には、一つだけ、わからなくなってしまうこと／できなくなってしまうことが必ずある。それは、わからない人／できない人が何を思い、何を考え、何を感じているか、ということだ。わかること、は、すなわち「わからないという状態」がわからなくなること、でもある。わかっている人が「わかっていることが当たり前」と思い込んでいるその自分の認識、思考、感覚の枠組みを自覚して省察し、それを「超えて」わからない人の認識、思考、感覚に寄り添おうと試みない限り、ものごとをうまく、さらにはあまりストレスをかけずにスムーズに教えることはできない。

もう一つ、別の事例も挙げておこう。ある一つの仕方でわかる／できるようになると、しばしば、それとは異なる仕方やものの観方があることに気づきにくくなったり、異なるものを承認するのに違和感や抵抗感や拒否感を覚えたりするようになる。例えば、箸やフォーク・ナイフ・スプーンで食べることが当たり前という食文化で育った人のなかには、カレーを手で食べるという食習慣に馴染みにくい人もいる。グローバル化した世界においては、自分にとって馴染みがある認識・思考・感覚の枠組みを「超えて」異文化交流、多文化共生を試みることの必要性が、今後もますます高くなっていくだろう。また、男女のペア、女性どうしのペアが手を繋いで歩いていても気にしないのに、男性どうしのペアが手を繋いでいると、思わず目を瞠る／見ないふりをする／(下卑た) 笑いを浮かべてしまう、という人が私たちの社会には少なくないのではないだろうか。人を愛するという人間として当たり前の、とはいえ豊かで貴重な経験を、すべての人が安全・安心に享受することができない社会は、果たして、基本的人権の保障された民主的で暮らしやすい社会と言えるだろうか (もちろん、他のマイノリティの人々に関しても同じことが当てはまる)。

このように考えるなら、自分の認識や思考に知らず知らずのうちに入り込み、つねにすでに作用しているバイアスを省察し、必要ならば自分に馴染みのある認識や思考や感覚の枠組みを「超えて」いくことは、研究者に限らず、今、この世界を生きるすべての人々にとって必要だと言っても過言ではない。つまり、本書のテーマである「越える・超える」は、人間科学の一つの研究テーマであると同時に、人間科学に携わる研究者にとってはもちろん、今、この世界に生きるすべての人々にとって重要な倫理的課題に関わるキーワードでもあるのである。これから本書を読むという皆さんはもちろん、すでに一読したという皆さんにももう一度、このような視点から本書所収の諸論文を読んでいただけると幸いである。

最後に、シリーズ人間科学編集委員会の編集委員長・野村晴夫先生、白川千尋先生を始め、編集委員の方々には、企画立案・校正などのすべての面で、たいへんお世話になりました。また、企画・内容への貴重なご意見や原稿の校正段階でくり返しご助言をくださった大阪大学出版会の編集者・川上展代さんに深く感謝申し上げます。

責任編集者　岡部美香

シリーズ人間科学

1 ◉ 食べる

八十島安伸・中道正之 編　定価（本体 1800 円＋税）　238 頁　2018 年 3 月刊行

「食べる」をキーワードに、広範な学問領域から、「人そのものと、人が営む社会」を明らかにする。味覚、乳幼児の食行動、贈与交換と食、摂食障害、食事作法、炊き出し、辺境地の食、サルの食行動、食のタブー等について扱う。

2 ◉ 助ける

渥美公秀・稲場圭信 編　定価（本体 2000 円＋税）　272 頁　2019 年 3 月刊行

助ける／助けないことを哲学、共生学から検討したうえで、医療社会学、教育社会学、国際協力学のフィールドワーク、さらに人間工学、比較行動学、臨床心理学、現象学、グループ・ダイナミクスの視点から「助ける」を考える。

3 ◉ 感じる

入戸野宏・綿村英一郎 編　定価（本体 2000 円＋税）　288 頁　2019 年 3 月刊行

人工知能やロボットが活躍する現代、私たちには「感じる」という心の働きが残されている。知覚心理学から脳科学、社会心理学、安全行動学、発達科学、異文化コミュニケーション等の視点から、「感じる」心について紹介。

4 ◉ 学ぶ・教える

中澤渉・野村晴夫 編　定価（本体 2000 円＋税）　284 頁　2020 年 3 月刊行

実験、フィールドワーク、ドキュメント分析、統計分析、比較研究、臨床的アプローチなどの人間科学の領域から「学ぶ・教える」に切り込み、人間の本性を理解するための多面的な見方とその魅力を提示する。

5 ◉ 病む

山中浩司・石蔵文信 編　定価（本体 2000 円＋税）　242 頁　2020 年 3 月刊行

医学、哲学、霊長類学から病むことの意味について論じ、臨床心理学、臨床哲学、社会福祉学、医療人類学から治療や癒しの制度と意味を論じる。さらに人類学と社会学の立場から、社会における病気の意味を考える。

編者紹介　＊　主な業績は執筆者紹介に記載

岡部　美香　　大阪大学大学院人間科学研究科・教授

大阪府生まれ。1997年大阪大学大学院人間科学研究科博士後期課程単位取得満期退学、2000年博士（人間科学）。愛媛大学教育学部講師、京都教育大学教育学部准教授、大阪大学大学院人間科学研究科准教授を経て、2019年から同教授。教育思想史学会理事。20年以上にわたり、人間の発達・生成と教育にかかわる言説に作用する政治力学をテーマに研究を継続。2020年から「マイノリティ教育ラボ」を共同で立ち上げ、学生や地方自治体・地域の人々とともに、外国にルーツのある子どもたちへの支援や、夜間中学校におけるリテラシー教育に関する研究と資史料の保存などの活動に取り組んでいる。

シリーズ人間科学 6

越える・超える

発行日　2021年3月31日　初版第1刷　〔検印廃止〕

編　者　岡部 美香

発行所　大阪大学出版会
代表者　三成賢次

〒565-0871
大阪府吹田市山田丘2-7　大阪大学ウエストフロント
電話：06-6877-1614（代表）　FAX：06-6877-1617
URL　http://www.osaka-up.or.jp

カバーデザイン　小川順子
印　刷・製　本　株式会社 遊文舎

ISBN 978-4-87259-623-6　C1330

執筆者紹介（執筆順）

老松　克博（おいまつ・かつひろ）

大阪大学大学院人間科学研究科・教授。専門はユング心理学、臨床心理学、精神医学。

〈主な業績〉

老松克博（2019）『心と身体のあいだ——ユング派の類心的イマジネーションが開く視界』大阪大学出版会

老松克博（2020）『夢の臨床的ポテンシャル——心理療法にイメージがもたらす癒しと救い』誠信書房

野坂　祐子（のさか・さちこ）

大阪大学大学院人間科学研究科・准教授。専門は臨床発達心理学、教育心理学。

〈主な業績〉

野坂祐子（2019）『トラウマインフォームドケア——“問題行動”を捉えなおす援助の視点』日本評論社

野坂祐子・浅野恭子（2016）『マイステップ——性被害を受けた子どもと支援者のための心理教育』誠信書房

管生　聖子（すがお・しょうこ）

大阪大学大学院人間科学研究科・講師。専門は臨床心理学、医療心理学。

〈主な業績〉

管生聖子（2017）人工死産経験者の体験の受け止めに関する調査研究 ——グラウンデッド・セオリー・アプローチによる分析を用いて——.『心理臨床学研究』35, 39-49

管生聖子（2020）「死んでしまうことはもうわかっている」わが子を「産む」母親の語りの分析 .『心理臨床学研究』38

権藤　恭之（ごんどう・やすゆき）

大阪大学大学院人間科学研究科・教授。専門は老年学、高齢者心理学。

〈主な業績〉

Gondo, Y., Nakagawa, T., & Masui, Y.（2013）. A New Concept of Successful Aging in the

Oldest Old: Development of Gerotranscendence and Its Influence on the Psychological Well-Being. Annual Review of Gerontology and Geriatrics, 33（1), 109-132.

Gondo, Y. et al.（2021）Age Verification of Three Japanese Supercentenarians Who Reached Age 115. In: Maier H., Jeune B., Vaupel J.W.（eds）Exceptional Lifespans. Demographic Research Monographs（A Series of the Max Planck Institute for Demographic Research）. Springer, Cham. https://doi.org/10.1007/978-3-030-49970-9_21

白川　千尋（しらかわ・ちひろ）

大阪大学大学院人間科学研究科・教授。専門は文化人類学。

〈主な業績〉

川田牧人・白川千尋・関一敏編（2019）『呪者の肖像』臨川書店

信田敏宏・白川千尋・宇田川妙子編（2017）『グローバル支援の人類学――変貌するNGO・市民活動の現場から』昭和堂

川端　亮（かわばた・あきら）

大阪大学大学院人間科学研究科・教授。専門は宗教社会学・社会調査法。

〈主な業績〉

川端亮・稲場圭信（2018）『アメリカ創価学会における異体同心――二段階の現地化』新曜社

川端亮編（2010）『データアーカイブSRDQで学ぶ社会調査の計量分析』ミネルヴァ書房

青山　太郎（あおやま・たろう）

名古屋文理大学情報メディア学部・助教。専門は映像哲学、映像デザイン。

〈主な業績〉

青山太郎（2016）「映像表現における〈再現〉と想像力について――アーノウト・ミック《段ボールの壁》からの考察」『社藝堂』3，55-78

青山太郎（2020）「中動態の映像学の可能性をめぐる試論」『中部哲学会年報』51，49-64

岡部　美香（おかべ・みか）

大阪大学大学院人間科学研究科・教授。専門は教育哲学・教育人間学、近現代教育思想史。

〈主な業績〉

岡部美香編著（2017）『子どもと教育の未来を考えるⅡ』北樹出版

岡部美香・小野文生編著（2021）『教育学のパトス論的転回』東京大学出版会

高森　順子（たかもり・じゅんこ）

愛知淑徳大学コミュニティコラボレーションセンター・助教。専門はグループ・ダイナミックス。

〈主な業績〉

高森 順子・諏訪 晃一（2014）災害体験の手記集の成立過程に関する一考察――「阪神大震災を記録しつづける会」の事例から.『実験社会心理学研究』54（1），25-39

高森順子・溝口佑爾・岡部美香（2018）「災害アーカイブ」とはなにか　――関西災害アーカイブ研究会の一年. 日本災害復興学会誌『復興』8（3），25-35

檜垣　立哉（ひがき・たつや）

大阪大学大学院人間科学研究科教授。専門は哲学・現代思想。

〈主な業績〉

檜垣立哉（2019）『ドゥルーズ　解けない問いを生きる【増補新版】』ちくま学術文庫

檜垣立哉（2018）『食べることの哲学』世界思想社

辻　大介（つじ・だいすけ）

大阪大学大学院人間科学研究科・准教授。専門はコミュニケーション論、メディア研究。

〈主な業績〉

辻大介（2020）ネット空間におけるヘイトスピーチ. 秦かおりほか編『メディアとことば 5 政治とメディア』ひつじ書房，4-27

辻大介ほか（2014）『コミュニケーション論をつかむ』有斐閣

三浦　麻子　（みうら・あさこ）

大阪大学大学院人間科学研究科・教授。専門は社会心理学。

〈主な業績〉

三浦麻子（2017）『なるほど！心理学研究法（心理学ベーシック　第1巻）』北大路書房

Komori, M., Miura, A., Matsumura, N., Hiraishi, K., & Maeda, K.（2019）Spread of risk information through microblogs: Twitter users with more mutual connections relay news that is more dreadful. Japanese Psychological Research, 63, 1–12.

索　引